人生がクソゲーだと思ったら読む本

生きづらい世の中の突破術

犯罪学教室のかなえ先生

小学館

まえがき

「人生というクソゲーを楽しむコツ」

世界で一番好きな言葉があります。「人生はクソゲー」という言葉です。これほど「人生」というものを的確かつシニカルに言い表したものはないでしょう。私はこの言葉のおかげで、馬鹿馬鹿しい人生《クソゲー》をそれなりに楽しく遊べています。

デタラメな世界に生まれてしまったのだから、デタラメに生きてもいい。迷惑をかけない生き方ではなく、迷惑をかけた後のフォローを考えよう。

完璧に生きることはできないし、人生に答えや意味はないのだから、無理に答えや意味を見出すのはやめよう。

こんな感じです。少し自分語りになりますが、マイルールとしては、

迷惑をかけたら「ごめんなさい」

助けてもらったら「ありがとう」

ピンチになったら「助けてください」

これだけ言えるようになっておこうと決めて、なんとなく生きています。

どのオープンワールドなゲームでも、スタート地点や開始直後のプレイヤーの能力値は皆平等に同じように設定されています（稀《まれ》にランダムなゲームもありますが……）。難易度も最初に選択できることも多いですし、チュートリアルイベントの内容も統一されていてプレイヤーによって内容が極端に変えられることや不利になるようなこともほぼありません。場合によっては何回も優しく教えてくれます。また、ゲームを攻略する上で必要なアイテムやイベントもしっかり用意されています。最悪リセットしたり、強くてニューゲーム……なんてことも可能です。

反対に「人生」はどうでしょうか？

ゲームのスタート地点も、ゲームを進める時代も異なります。キャラクターの性別も選ぶことはできませんし、生まれた瞬間から大きな格差がすでに存在しており、それらが私たちプレイヤーのその後の人生の難易度を大きく変えてしまうのです。理不尽で、難度のバランスが悪い……こんなの〝クソゲー〟です。

しかも悪質なのは、日本の場合においては表向きに「機会の平等」が設けられており、この平等が一般には「良いもの」と信仰されているため、生まれの不平等を主張するとそれが「敗者の言い訳」として周囲に受け止められてしまうことがあるのです。

恐ろしいのが、これは運営のバグではなく、れっきとしたゲームの仕様だということです。しかもセーブ機能もなく、リセットも、強くてニューゲームもできません。

一応、ゴールとして「死」というエンディングは平等に設定されていますが、人生を幸福に過ごした人にとって「バッドエンド」となるのは、このゲームの致命的な欠陥と言わざるを得ないでしょう。

スタートでミスしてしまうと、とんでもなく難易度が高くなる。なんたるクソゲーか、自由度とグラフィック以外に魅力的なところがあれば教えてほしいです。

結局、この「人生」とは、運に結果をゆだねるしかないゲーム、つまり「運ゲー」です。運も実力のうちと言いますが、これは逆です。成功するのも失敗するのもどちらの結果にも運の要素が多少ついてまわりますので、〝実力も運のうち〟が正しいのです。

多くの人は成功を「努力や才能によるもの」と評価します。これは、「努力している人は救われるべき」「自分も良い結果を出したときに評価されたい」という考えが根底にあるからだと思っています。もちろん、努力できることは素晴らしいですし、努力によって良い結果を生んだ人は称賛されるべきです。反対に失敗すると「努力しなかったから」「才能がなかったから」と判断されがちです。

しかし、失敗の原因は全て本人にあるのでしょうか？　反対に、成功の原因は全てその人の努力によるものなのでしょうか？

例えば私のようなVTuberの場合、コロナ禍で在宅時間の増加による可処分時間と可処分所得の増加によって一気に業界は盛り上がったわけですが、きっかけとなったコロナ禍を誰が予測していたでしょうか？　コロナ倒産した企業や職を失った人たちもどうでしょうか？　これを予測することは非常に困難なことだと思いませんか？

結局私たちの人生は、運命の女神の悪戯《いたずら》に左右されながら、なんとなく「現在」に至っているだけなのです。

もちろん成功者は努力したでしょうし、才能もあったのでしょう。

ただ、努力も生まれながらの才能だとするならば、結局はこれも運の話になります。勝者も敗者も運以外の要素に理由を求めがちですが、偶然を嫌って結果からスタート地点へ逆算して理屈付けされているだけで、突き詰めると結局「運がよかった」「運が悪かった」という話に帰結します。これは、人類が頭に入れておくべき真理であり、事実です。

さて、ここまで陰鬱《いんうつ》な文章を連ねてきましたが、実はこんなクソゲーでも楽しんで遊ぶコツがあります。それは、自分の生きる社会が多面的に構成されていることを知り、視野を広く持つことです。私たちはどうしても自分の視野が狭いことに気づかず、自分の価値観や考え方が全てだと思ってしまいがちです。

例えば、私が先ほどから長々と人生がクソゲーで単なる運ゲーだと説明する文章を読んで、安堵《あんど》感や納得感を覚えた方もいるでしょう。これは、今までの視点に、自分で考えるだけでは見えなかった新たな視点が加わった結果、理不尽な現実や不平等を受け止める心の容量が大きくなったからです。反対に、今の私の意見を目にして「そんなことない」

「お前は何様だ！」と思った人もいたでしょう。

それはそれでいいのです。全員が同じ考えや意見を持っているとは限りませんし、自身の考えを言語化したり整理したりするときに、異なる意見と向き合うことこそが自身の思考の解像度を上げることに繋がります。多様な考えや違う角度からの意見は、時として自分の目の前にそびえ立つ人生の壁を簡単に開くドアに変えてくれる魔法になります。

本書では、人生がクソゲーだと思っている私の視聴者から寄せられたお悩みを、トピックごとにまとめてズバズバと回答していきます。いつも私が配信の際に話していることになりますが、私の回答に目を通す際には「自分ならこうするかも」という想像も一緒に頭の片隅に入れて読み進めてください。

困難の解像度を上げて視野を広げることで、きっと今まで考えつかなかった攻略法が思い浮かぶはずです。このクソゲーは自由度だけ無駄に高いので、実践できそうなことはどんどん試してほしいと思います。

目次

オジュケン

第1章 学校・受験の悩み

お悩み

学歴社会では才能よりも「親の資金力」が重要なの？

お悩み内容

悩んでいるというか愚痴と質問です。高校受験を控えている中学3年生です。周りは受験モードだけど、自分は貧乏で塾に通えません。お金持ちの子は塾に通えるから、どんどん成績が離されて、焦りと同時にズルいと思うようになりました。お金持ちの人はどんどん賢くなって、お金を稼げるようになって、貧乏人にはなかなかチャンスが与えられない気がして不平等感を覚えます。先生はこの状況をどう考えていますか？

回答

親の資力で受験の難易度が変わるのは仕方ない。でも、チャンスは残っている。

いきなり救いのない結論になってしまい本当に申し訳ないのですが、**「家がお金持ちの子どもはたくさん塾に行ける」一方で、「家にお金がない子どもは満足に塾に行けない」ことは、残念なことに避けられません。**家庭の資力格差が子どもの学力の格差に直結する側面は、本当に理不尽に思えてしまいますよね。そういう意味ではアナタは、生まれる家を選べないという理不尽なゲームシステムの被害者と言えるでしょう。

そもそも、この社会が採用している資本主義というシステムに大きな欠陥があり、自由な競争によって社会をより発展させることができる反面、激しい競争の中で必ず「敗者」と「勝者」が生まれてしまうのです。

この「敗者」と「勝者」の経済格差が、一般に貧富の格差と呼ばれるものになるわけですが、アナタの言葉を借りると、お金持ち（勝者）には競争を勝ち抜くための選択肢（手段など）が多く用意されている一方で、貧しい人（敗者）は限られた選択肢しかありません。

ゲームでイメージするとわかりやすいかもしれませんね。

無課金コツコツプレイだと攻略の難しいステージも、大量課金して強い装備を持っている状態だと、同じステージでも難易度が変わる現象が現実に発生している感じです。

さて、ここでアナタの相談に戻りましょう。

お金持ちのお友達は、たくさん塾に通うことができる。一方で、アナタはお金がなくて塾に行けない。非常にやるせない気持ちになるのはすっっっっごく理解できます。**しかし、これはあくまでも塾に行けるかどうかの話です。現状、家庭の事情があるならば、塾は諦めましょう。でも、合格を諦めるのは違いますよ！**

さっき説明した通り、資本主義社会は勝者や強者が有利に勝ち進めるように設定されたクソゲーです。ただし、**家が貧しくて手札が限られた状況でも逆転勝利は可能です。なぜなら、競争自体は自由に行われるから**です。

まぁ……それでもめちゃくちゃ大変なんですけどね。

アナタが今のこの状況をズルいと思うことも、焦る気持ちも理解できます。全く悪いことをしていないのに、家の貧富の格差のせいで自分の進路が危ぶまれるのは理不尽です。

私はアナタに今ここで諦めずに前向きに受験勉強に取り組んでほしいと思っています。
もちろん、合格するのか不合格になってしまうのか結果はわかりません。
ただ、今の不満や焦りに囚《とら》われすぎると、人生全て他人のせいだと思ってしまうようになるかもしれませんし、その考えは人生全てを後ろ向きにしてしまうでしょう。

受験の合否は、アナタが「やるか」「やらないか」で決まります。

早々に「ズルい」と合格を諦めたとしても、その後の人生でアナタを待っている結果に対して「あぁ、塾に行けなくて志望校を落としたのか」もしくは「塾に行けなくて不合格になってしまったのね」と同情してくれる人は少ないでしょう。むしろ、家が貧乏でもひとりで勉強を頑張って合格した人を引き合いに出されて「アナタの努力不足」「でも諦めたのはアナタの決断ですよね？」と切り捨てられる可能性が高いです。

塾にも行かず自分で勉強できれば、その経験はお金持ちの子どもにはできないことになりえます。これはアナタの貴重な生涯資産になります。**何より、「自分でやりきった、逆境を乗り越えた」という事実は、今後アナタが人生を前向きに生きていく上での大きな自信になり、生活を豊かにしていくものになる**でしょう。

どんな結果になるかはわかりません。でも、必ず勝てるチャンスは巡ってきます。

中学生の間で自分の人生の限界を決めてしまうのは、人生少しだけ先輩の私からするとめちゃくちゃもったいないことだと思います。だから、すごく応援したくなりました。

貧乏人にチャンスがないわけではありません。苦労も多いと思いますけど……。

それでも受験戦争に勝つことができれば、アナタは資本主義社会の新たな勝者になる可能性が高くなります。勝者の椅子の数はたくさん用意されているわけではありません。しかし、そこに座ることができればとりあえずは安泰です（ずっと安泰というわけではなく新たな競争の始まりなのですが、少なくとも人生の選択肢は今より増えるでしょう）。

最後に受験のアドバイスです。睡眠時間と勉強時間の確保。そして、周囲ではなく過去の自分と戦うこと！　首席合格も最下位合格も同じ「合格」です。周りを気にしないで勉強を続けてください。

アナタが自分自身の手で将来の栄光を掴《つか》み取れるようになることを心から祈っています。

お悩み

スポーツ推薦なら頭の悪い人でも高学歴になれるってどうなの？

お悩み内容

スポーツ推薦やＡＯ入試に不満を持つ大学生です。親の「文武両道であれ」という教育方針のもと、スポーツでは県大会上位レベルになんとか食い込み、一般入試で難関といわれている私立大学に入学しました。でも入学後、同じ学科にいるスポーツ特待生は温情で教授から単位をもらえており、明らかに勉学を疎《おろそ》かにしています。なのに彼らは、私と同じ学歴になってしまう。それどころか、就活ではあっちの方が有利になりえることに納得できません。

回答

これはアナタ自身の問題です。過剰な被害者思考によるバグが発生しています。

相談者さんは、すごく被害者的な受け止め方をされる方なんだな〜と思いました。思わず「**それってアナタの感想ですよね？**」と言いそうになりましたよ。

ただ、アナタがこの思考に陥ったのは、大変な苦労をされてきたからなのでしょう。ただ、ここで「大変な苦労」といいつつも、「大変な努力」としなかったのは、アナタにとって現状の自分は苦しい過去の上に成り立っているものだと感じたからです。まずは、これまで頑張ってきた自分を、自分自身で認めてあげましょう。

これから話すことはあくまでも私の考えですが、そもそも「努力」と「苦労」は似て非なるものです。努力は結果を出す過程にある、本人の欲求などに基づく内的動機づけによる能動的な行動を指すもの。苦労とは努力と異なり環境的な外的の働きかけなどにより行われる受動的な行動を指すと、私は分けて考えています。

ざっくり言えば、努力は、自分の「そのことをしたい」意思があって行われる行動で、自分自身を大きく成長させてくれるもの。「苦労」は、自分の意思のやりたい／やりたくないことにかかわらず、していることの苦しさを表現しているもので、心身を磨耗していくものだということです。

そのうえで私は、**努力をしてきた人は、これまで努力してきた自分や努力している他者の存在をありのままに認めて受け入れることができるのに対し、苦労してきた人は結果が出ると自分を大きく評価する一方で、他者の努力やその存在を軽視する傾向にある**気がしています。

たしかに世間的には、スポーツ推薦やＡＯ入試を経て入学した学生は、一般入試を経て入学している学生と比べて少ない勉強量で入学できるとされていますが、アナタにわかって欲しいのは、**スポーツ推薦やＡＯ入試に合格して入学した人も、アナタと同じように見えないところで頑張った結果、大学入学を許可されている**ということです。

難関私立大学に在籍されているとのことですが、一般入試で合格していようが、スポーツ推薦だろうが、ＡＯ入試だろうが、どんな方法で合格していようと皆同じく「入学を許可された人である」以上の意味を持つことはありません。

にもかかわらず、アナタはもう過去となった「どうやって合格したのか」を持ち出し、「あいつは温情をもらっている」と不平不満を持ってしまうわけですよね？　不公平に感じているならば、学校に異議や苦情を申し立てれば良いのです。

納得できない制度を許容している学校への不満ならまだしも、スポーツ推薦やＡＯ入試制度を経て入学してきた彼らに対して、アナタ自身の欲求不満の矛先を向けるのはお門違いです。これははっきり言わせてもらいます。

まず、**アナタはありのままの自分を自身で認められるように心を入れ替え、自分の周りには自身と異なるバックグラウンドを持っている他者がいることを認識しましょう。**

これは私の個人的な助言ですから、受け入れることまでは強制しません。嫌いな人や苦手な存在があるのは仕方ありません。……ただ、存在は認めましょう。大学はどうしてＡＯ入試やスポーツ推薦を導入しているのかの話にも繋《つな》がりますが、建前としては学力以外に秀でた才能を持つ人材に対しても大学の門戸を開き、学生の多様性を確保する目的があったりします（もちろんそれ以外にもありますけどね）。

既婚者の人、障害のある人、裕福な学生、貧しい学生など様々なバックグラウンドを持った人材が大学には集まっています。歴史的に見ても、多様な才能が大学という場所に集結することで、学術の発展や知の創造が行われてきたのは明らかです。

アナタが学生の多様性に気づけていないのは、それは自分で見ようとしていないからでしょう。それくらいに今のアナタの視野は狭く、自分が原因で生み出したモヤモヤをどうにもできないので、他人のせいにして勝手に不満を持っている。少しは省みるべきです。就職の話も、たしかに運動部は就職に有利かもしれません。これは私も学生時代によく耳にしていましたし、実際に運動部は就職に有利だったような気もします。

ただ、実際にそうだとしてもどうすることもできません。

「ウチはウチ、ヨソはヨソ」のスタンスを持ち、そういう人もいるのだと認識した上で自分も負けないように頑張ろうと前向きに学生生活を送って欲しいです。

周りを下げるのではなく、まずは自分を上げるところから頑張りましょう。

周囲を見下しても、アナタ自身が成長することはありません。今アナタが築いている地位は、間違いなくアナタ自身の手で切り開いてきたものです。だから自信を持って、これからの大学生活を有意義なものにしてください。

応援しています。厳しいこと言ってごめんなさいね……？

お悩み

いじめられたくないから、不登校。これで人生が詰みなんて理不尽だよ。

お悩み内容

小学生のときにいじめられて以来、不登校が続いています。もう中学3年生です。母親からかなえ先生の存在を知り、かなえ先生もいじめで不登校になったと聞いたのでお悩み相談を送ります。このままだといじめっ子は普通に高校まで行って、自分はニートです。これからどうなるのか毎日が怖いです。どうして被害者ばかりが理不尽な目に遭わないといけないのでしょうか？　僕は将来、どうなってしまうの？

回答

この本を読んでいるキミ、そして保護者の方に伝えたいことがあります。

まずは、勇気を持って悩みを送ってくれてありがとうございます。

小学生のときから不登校で、それから中学3年生になってしまったと……。本来、「不幸」というものは個人で受け止め方が変化するものであり、他者と比較することは無意味なのですが……**「これまで生きていてくれてありがとう」とアナタに伝えたい**と思います。

いじめの被害者が学校で安全に教育を受ける権利を奪われてしまうということは、おそらくアナタだけでなく、この本を読んでいる多くの人も理不尽に思っていることでしょう。

加害者側にどんな言い分があったとしても、いじめは絶対に許されないことです。そしていじめを受けて学校に行けなくなってしまったアナタは、いじめによって安全に学校で教育を受ける権利を奪われた被害者であり、責められる非もありません。

いじめについて掘り下げてお話するにはページがたりないので、今回はアナタの状態（不登校）についてどうやって乗り越えていけそうか一緒に考えたいと思います。

まず、いきなり厳しいことを言ってしまうかもしれませんが、今の苦しい状況を抜け出すには、誰かの助けを借りて前向きな気持ちを持つことができる環境を整えてください……とはいえ、そんなの今までアナタは何回も試みてきたはずです。

だから私が提案したいのは、**私に送ってくれた相談内容を保護者や中学校の先生にも告げることです。言葉で上手《うま》くまとめられないなら、文章でまとめてみましょう。**

そう聞くと、「いやいや親に言っても無駄だったからお前に送ったんだよ」とか「中学校なんて通ったことないのにどうしたらいいんだよ！」「そもそもいじめられて怖い思いをしている学校に行けということか？」という反論が聞こえてきそうですね。

ですが、まずは落ち着いて。

私がこのようにアドバイスをせざるを得ないのは、日本の教育や社会のシステムが「子どもが学校に通うこと」を前提に構築されているためです。

これは日本社会のクソゲーポイントのひとつです。

いじめを回避する手段のひとつとして「不登校」が提案されることがありますよね。特に、世間を騒がせる大きないじめ事件の発生直後や、子どもの自殺が多くなる長期休み明けにテレビコメンテーターが「いじめで辛《つら》い思いをしているなら家にいよう！」なんてコメントするのを、皆さんも聞いたことがあるかもしれませんね。

ただ、彼らの多くは不登校を推奨しておきながら、決断の責任は取ってくれません。本来不登校は心身もしくは財産に危険が迫っているときの緊急措置として、一時的に採用されるべきでしょう。これは私がいじめを受け不登校を経験して導き出した結論です。

私が不登校だった当時と違い、今はフリースクールなどの受け皿が数多く設けられていますが、今も日本の教育システムが「子どもが学校に通うこと」を前提に構築されているため、不登校が長引いてしまうと人生が詰むリスクが高まってしまうのです。

そのため、今回の相談のような場合には、不登校の期間中にいじめの解決と心のケア、さらに学校に戻った後のことも考えた対応が必要になります。

つまり、**単純に「いじめがある『学校という場所』から離れるための不登校」ではなく、「いじめを解決して再び前向きに学校に通えるようにするための準備期間」として、出口戦略としての不登校を選択して欲しい**のです。

そして、保護者の方におかれましては、最大限子どもの味方になってあげてください。今回の相談者のように将来のことが何も考えられなくなって辛くなったり、学校に行けないことに罪悪感を覚えている人は、「今は心と体の疲れを癒すボーナスタイム」と考えて、問題が解決するまでのんびり過ごしましょう。

念を押しておきますが、不登校自体は悪いことではありません。

いつでも周囲の人の協力を得られるようにしておけば、アナタが学校に行きたいと思えるようになったとき、スムーズに登校できるようになるでしょう。

さて、少し話が脱線してしまいましたね。申し訳ありません。改めて、今回相談を送ってくれたアナタにアドバイスです。まだ手遅れではありません。

長年の苦悩を文章にまとめて送るのは、大変勇気のいることだと思います。

まずは自分の胸に手を当ててみてください。学校に行きたいのにアナタの焦りの原因がわからないのならば、保護者の方など周りの人の手を借りて学校に戻る道を一緒に探してみましょう。一方で、学校に行かなきゃいけないと自分を奮い立たせようとしているのならば、少し休憩しましょう。

どのような選択をしたとしても、元不登校児としてアナタの未来を心から応援しています。相談を送ってくれてありがとう。

お悩み

校則に従わないと内申点が下がるのはなぜ？勉強で評価してよ！

お悩み内容

学校で、個性を伸ばそうとか多様性を認めようとか、言われるようになった一方で、いまだに意味不明なブラック校則や内申点制度などでゴリゴリに管理教育や偏差値主義を進めていきながら、結局勉強だけでは報われない社会ってなんなんですかね？　学生の本分は勉強と言って社会に出した後に、一番必要なのはコミュ力っておかしくないですか？　私は必死に勉強してきましたが、この矛盾のせいで今とても苦しい思いをしています。

回答

アナタ個人のバグです。ゲームの仕様ではありません。

アナタに厳しいことを伝えます。勉強ができるだけで豊かな人生を送ることができる人間は、ほぼ存在しません。人類は群れを大きくしていくことで、ここまで文明を発展させてきたわけですから、「コミュニケーション能力」はヒトにとって最も重要な能力のひとつだと言えるでしょう。それが理解できていないのは非常に残念です。同時に相談内容から、勉強の成績の良し悪しと賢さは違うのだなと思いました。

アナタが今苦しい思いをしているのはアナタの問題であり、それを全部他者や周辺環境のせいにして被害者意識を醸成するもののどうしようもなくなって勝手に苦しんでいるように見えました。言葉が少々鋭くなってしまい、申し訳ありません。

たまにインターネットでも学校で習うお勉強ができる自分に酔って学歴を誇示したり、アナタと同じように訳のわからない理屈を並べ立てて勝手に苦しんでいる人を見かけますが、**私から言わせれば「お勉強しかできない人」と「コミュニケーションしかできない人（いわゆるコミュニケーション能力が高い人）」だと後者の方が絶対に優れた人材です。**

ここで言うコミュニケーション能力とは、極端に言えば「群れの中で生きる能力」です。

どんな人と関わってきたのか、どんな価値観に触れてきたのかなどなど、これまでの人生をどう過ごしてきたのかが、コミュニケーション能力を測ることで見えてくることは実際に多くあります。

ここから先の話は、この章を通して話していることにも繋がります。

たしかにテストの点数（学力）は重要です。ただし、人生全体では学力よりも、教養や「コミュ力」の方が重要です。なぜなら、私たちは社会の中にいてこそ、生きていけるからです（かなり極少数の例外は除きますが）。

進学や就職の際にテストの点数や勉強の出来が必要になる場面があることは認めます。しかし学校の成績が必要になる前から、私たちは何かしらの集団に属しています。

家族や学校、そして会社など……集団のメンバーとして生きていくためには、学校のお勉強だけでは不十分で、他者と協調する能力も当然必要となります。

そもそも**人生というクソゲーはひとりの自分とその他大多数の他人と数え切れないほどの関係を結んでステージを進めていくもので、お勉強の出来は社会人の段階になるとそれまでの時期より重視されなくなります。**

この話をすると「コミュニケーションの勉強を学校でもしてくれよ！」とキレる人も現

れそうですが（実際過去に同様の意見が私の元に来ました）、人間は社会（群れ）の中で生きている間ほぼ誰かとコミュニケーションしています。

つまり、**私たちの生きる毎日は、コミュ力を培《つちか》う場でもあるのです。実は学校ですごす時間はお勉強というよりも、コミュニケーションの勉強をしている意味合いのほうが強い**のです。

意識しないと気づかないことですが、日々のコミュニケーション（相互行為）場面で私たちは常に相手に合わせた態度や言葉遣いなどを学び、コミュニケーション能力を身につけています。そう、実は私たちは日々コミュニケーションのお勉強をしているのです。

そのため、幼少から様々な価値観を持った人間と触れ合い、場面に応じた適切な振る舞いを身につけたコミュニケーション能力の高い人は、集団内で他者と協調して目標を達成することができる人だと評価されやすいのです。また、コミュニケーション能力の高さは、集団にとってだけではなく、自身にとっても居心地のよい空間や人間関係を作る際に役立ちます。そのため、コミュニケーション能力は我が身を助けるための能力でもあるといえるのですが、これは経験を積むことでしか培《つちか》えません。

特に昨今、多様性を認めようという機運が社会的に高まっています。今後も他者と関わる能力はますます重視されていくでしょう。それに気づけていないのは正直ヤバいです。**最初に私がアナタの問題だと言ったのは、アナタの今抱えている苦しみは、他ならぬアナタが「コミュニケーションの学び」を軽視し、「学校のお勉強」に力を入れすぎた結果によるものだから**なのです。また、アナタのお悩みの滅茶苦茶さは、コミュニケーション能力不足によるものだと思えてなりません。

内申点制度や管理教育については、私も思うところはありますが、自分の苦しい状況を全部これらの問題に押し付けるのは、さすがに筋違いといわざるをえないでしょう。

そして解決するには、今からでも遅くないので心を入れ替えて他者と関わることについて謙虚な気持ちを持って生活するしかありません。頑張ってください。

コラム1

人生がクソゲーだと感じた「不登校児になった小学校時代」の話

「あいつは人を見下している」——これは、私が他人からよくいわれる言葉です。

たしかに私は上から目線な物言いを多用するし、人を見下しているのかもしれません。いや、多分そう受け止める人がいるということは、実際に人を見下しているのでしょう。

これを悪口と取るのか、事実だと取るのか。

私はこれを事実だと受け止めていますし、そもそも悪いことだとは思っていません。これが私の社会への適応方法であり、合わない人もいるだろうと考えているからです。

先に白状していくと——。

自信たっぷりなのは、自信がないからです。

断言するのは、不確定なのが怖いからです。

強い競争心は、劣等感を払拭するためです。

——このように私は非常に弱い人間です。VTuberとして「かなえ先生」というキャラクターのロールプレイに興ずるということは、弱い私への慰めとしても機能しています。

さて少し話が変わりますが、リアルの私を知っている人は「あいつは心を病んでいる」と評することがあります。いつからこんな人間になってしまったのだろうと、改めて振り返ってみると、暗黒の小学校時代にたどり着きます。

私は小学生の頃、長く不登校だった期間がありました。

原因はいじめです。人生がクソゲーだと理解したのは、このときでした。

私はあの時期に植え付けられた劣等感や疎外感をいまだに克服できていません。

VTuberという属性上、身バレ防止（住所や本名、過去の経歴が明らかになることを防ぐこと）のため、多少話の時系列を変えることもありますが、これからお話することは事実です。


たしかに私は病んでいるかもしれない。しかし、世界はもっと病んでいる。

これが小学生ながらにたどり着いた、私の結論でした。


まず、私がいじめられていた理由は非常にシンプルです。

「教師に嫌われていたから」

理由を聞いて、たったこれだけでいじめが？　と思う人もいるかもしれません。ただ、いじめに直接関わっていなかった同級生たちは口を揃《そろ》えて「かなえくん、めっちゃ先生に嫌われていたよね」と当時のことを話してくれます。

教師に嫌われるといじめられるのはどうしてなのか？　簡単に説明すると、

「学校の先生に嫌われる」→「学校の先生から否定的な評価を、他の児童がいる教室内で繰り返し受ける」→「それを聞いた単純な児童たちがイジリ出す」→「イジリが加速していじめがエスカレート」→「教師に助けを求めても、いじめられる方にも問題があるということで取り合ってもらえない」→「親と教師（学校側）との対立が激しくなる」↓「担任の否定的な評価が酷《ひど》くなる」↓「無視やいじめが暗黙の了解の下で行われるようになる」

　このような感じです。

　いじめ被害を受けたことがある人なら、ものすごくうなずいているかもしれませんね。

　さて、具体的な内容は小学生の頃の話なのでぼんやりとしていますが、そんな中でも強烈に印象に残っているエピソードが２つあります。

①　掃除道具の入ったロッカーに無理やり閉じ込められて、外からガンガン蹴られて中に鳴り響く大きな音と薄暗い空間に恐怖しているときに、担任の先生が入ってきて「ガンガンうるさいっ！　静かにやりなさい！」と注意して「イライラさせんな！」とおそらくロッカーに入っていた私に向かって吐き捨てたこと。

②　プールの授業中（男女一緒だった）にいじめっ子に後ろから水泳パンツをズラされたこと。それを見た女子が騒ぐ中で、私が勝手に自分から脱いだことにされたこと。先生に悪戯《いたずら》だとして、めちゃくちゃに詰められたこと。

　特にいじめがエスカレートした時期は毎日消えたいと思っていました。

　ただ、消えたいと思うくせに死ぬ勇気は持っていませんでした。まぁ、今考えると、あのとき死んでいたらVTuberになっていなかったので死ななくてよかったです。

　さて、ここまで聞いて、そもそもなんで学校の先生に嫌われていたのか気になった人がいたかもしれません。もしかしたら、これまでの私の相談に対する回答を見て、「そりゃこんな性格だったらイジメられるでしょ」と思った人もいるかもしれませんが……。実はすごくシンプルな理由です。

私が「先生の言うことを聞かない子」だったから――これはもちろん、皮肉です。

例えば「まだ学校で習っていない漢字を使う」「足し算の式を書かずに暗算で解答する」「気になったことがあると、先生になんで？　とすぐ質問してしまう」「あいさつ運動（校門から昇降口まで先生や高学年のあいさつ係の児童が花道を作り、登校する児童を待ち構えてひたすらあいさつするだけの朝の行事）が苦手で、いつも学校の裏口から登校していた」

……書いていて思いましたが、こりゃ先生から嫌われるかもしれない（笑）。

とりあえず、当時の担任からすれば「言うことを聞かないめんどくさい子」だった私へのいじめはエスカレートしていき、若気の至りで反撃したことをきっかけに「かなえくんもいじめをしている」と言われるようになります。そして、プール事件などがきっかけになり、きっと私よりも学校との対立や緊張に辟《へき》易《えき》していた母親が「もう行かなくていい。家にいなさい」と腕を引っ張って学校から連れ出してくれたところから、不登校生活が始まります。


時間は戻せませんが、もしも小学生のときの担任が、

「他の人よりも勉強が進んでいることを褒めてくれる人だったら」

「なんで？　という質問に優しく向き合ってくれる人だったら」

私はあのときあそこまで傷つかずに済んだかもしれない。

もしかしたら、今より明るい未来があったのかもしれない。

そんなふうに思ってしまうことがあります。


今が幸せでも過去の不幸が引っかかってしまい、今の幸せすら不幸の延長線上に用意されたものだと考

えてしまい、幸福は幻想、不幸が現実……不幸が人生のデフォルト設定になるので、「幸福:is何?」という状態になります。その結果、幸せに執着してしまうのです。

事実として、私は不登校になってしまったわけですが、

「私がたまたまめんどくさい子だった」

「担任教師がたまたまあの人だった」

結局この話も突き詰めると、ただの運の良し悪《あ》しの話になってしまいます。

それに、こんな性格・考え方の私ですから、別の担任だったとしてもいじめられていたかもしれません。

まぁ、結局運ゲーです。

攻略不能なクソゲーの悪いところがガッツリ出たことになります。

一般的なオンラインゲームの場合だと、ルール違反を犯した方が退場処分（ゲームが二度とできなくなるなど）を喰《く》らいますが、なぜか現実世界の学校だとルール違反による被害を受けた側が退場処分になってしまうのです。

これをクソと表現しないで、なんと表現しましょうか?

YouTubeで配信を行っているときに、視聴者から過去のいじめとどう向き合って今に至るのかと聞かれることがあります。ここでは本当のことを話しましょう。

実は向き合うのをやめました。はい。逃げました。めんどくさかったので。

でも、これでいいと思っています。

過去を変えられないなら、まだ不確定な未来での幸福を祈ろう。

問題から逃げることも、時には前向きに生きるのに必要な選択です。自分のために生きるのに必要なことを少しずつ見つけて、自分のペースで解決すればいいと思います。

不登校から学校に戻って「みんなと違うことは悪いこと」や「空気を読むことが大事」と胸に刻んだはずが、いつしか私の本質は、「自己を肯定するために他者を否定しなければならない」という非常に身勝手なものになり、結果として「周りと違うことをしよう」と考えて、自己顕示欲の塊が人間の形をして服を着ているような状態になってしまいます。不登校を脱した後、死に物狂いで学歴、財産を獲得し、難関試験を突破して国家公務員になり、さらに事業経営にも携わってVTuberとしても成功を収めても、いつも「何か足りない気持ち」がつきまといます。厄介なこの止まらない劣等感の反動がどこに向かうのか、私にもわかりません。ただ、正直に弱い自分を曝《さら》け出せて気持ちはラクになりました。

実は、この次のコラムに詳細を記しますが、少年院の先生を辞めたのも、この人生というクソゲーの仕様が原因だったりします。

ここまで読んでくれてありがとうございます。

スカッとする話ではなかったと思いますが、人生そんなものです。

しかし、「運が悪かった」「もうしょうがない」と言い聞かせて、問題文のない問題を解くのをやめることで、今の幸せがあるのも事実です。世の中にはどうしようもないことがありますが、諦めることが必ずしも後ろ向きな判断ではないことはぜひ覚えておいてほしいのです。

第2章 仕事・会社の悩み

お悩み

なぜ採用には「学歴フィルター」がある？もっと学生の内面を見てほしい！

お悩み内容

就活生です。学歴フィルターに悩んでいます。教育にお金をかけることができる家庭の割合の多い上位大学生が、就活でも有利な状況に不満があります。私は大学に入ってから将来のために資格などもたくさん取得しました。しかし大学に入るまでの経歴を重視される結果、上位の大学卒業者が多い企業に応募すると書類選考で落とされてしまいます。人生経験やその人の内面を重視する選考方法にならないのはどうしてでしょうか？

回答

学歴は〝品質証明書〟。経験重視になると就活はもっと悲惨になる。

うわー、めっちゃわかるわー……おっと、つい心の声が出てしまいました。

さて、回答する前にまずは「学歴フィルター」の説明をしなければなりませんね。これは、企業が採用希望者の選考活動において非公式に設けている、卒業予定の大学名や学歴だけで就活生をふるいにかけるシステムのことを言います。

一応、非公式なものですから、一般に採用側の企業は認めていませんけども、足切り基準を満たした学歴（本当は学校歴が正しい表現です）がないと、企業の採用説明会を予約しようとしても常に満席と表示されて参加できないということが実際にありました。

これって、すごく不公平に感じますよね？　皆さんはどう思われますか？

もしかしたら、学歴フィルターを感じたことがある人もいるかもしれませんね。

ここで少し考えてみましょう。

なぜ、就職活動において、学校歴や学歴が重視されるのでしょうか？　採用する側の企業はどのような人材を求めているかという視点で考えます。単純に突き詰めると、採用後会社に利益をもたらす可能性の高い人間だと言えそうですね。

このような意図で採用選考が行われる場合、**学歴は「その人が大学に入るまでにどれく**

らい努力をしてきたか・努力できる人だったのか」が一目でわかるその人の品質証明書として機能すると思いませんか？

　もちろん、学歴だけでその人が本当に優秀かなんてわかりません。しかし、「学歴を手にするまでの努力と望ましい結果を出すことができる人間である」と仮の人物評価を置くことはできそうです。そういう意味で「学歴フィルター」は、採用する側の選考にかかるコスト（時間や労力など）削減に寄与するシステムだと言えます。

　もしも、これで足切りを設けないでいると、どうなるでしょうか？

　皆が憧れる大企業だと何千、何万人と応募者が集まってしまい、今度は採用側の負担が大幅に増えて、丁寧な選考が難しくなってしまいます。利益をもたらす優秀な人材を獲得するための採用活動なのに、就活生の見極めにコストがかかりすぎるのは本末転倒です。

　ちなみに、『就職白書２０２０年』によると、２０２０年新卒採用における1人あたりの平均採用コストは約94万円でした。採用する側も非常にお金をかけていることがわかります。

　ここでもう一度相談内容に目を移してみましょう。もしも、「学歴ではなく経験などを重視するべきだ！」と社会が変わってしまうと、どうなるのか？

私がもし経済的に豊かな家庭で子どもを育てているならば、幼少期から海外に留学させたり、休日はボランティア活動に連れていくなど、持てる資本をフルに活かして子どもに様々な経験をさせてあげると思います。

大学に入学することができたら、親（自分）のお金でNPO法人を設立させ活動させてみたり、有名企業役員とバンバン会食させてコネを作らせてあげると思います。

これは、家庭にお金があるからできることです。

一方、**経済的に苦しい家庭環境の場合はどうなるでしょうか？　おそらく貧困家庭出身者が、親の課金で経験値武装した上流階級出身者たちにオーバーキルされる光景があちこちでみられるようになる**でしょう。

これは冗談や空想の仮定の話ではありません。実際にアメリカの大学入試の現場などで起こっていることで、子どもにお金をかけることのできる富裕層の子どもほど入学が有利になっています（ぜひ調べてみて欲しい！）。

この現実を知ると、**実は日本の学歴重視選考はまだマシな選考方法**と言えます。

学歴フィルターはクソゲー特有のバグではなく、育ちの資力がなくとも学歴を獲得できれば生活環境を好転させるチャンスを得られるという優しい仕様なのです。

もちろん何度も話している通り、幼少から教育にお金をかけることができる家が有利なのは間違いありませんが、推薦入試やＡＯ入試、スポーツ特待生選抜など、学歴獲得の手段も多様化し、さらに無料で視聴できるYouTubeにも受験情報がたくさん投稿されるようになりました。見えないところに人生逆転のチャンスは数多く転がっています。

あとはやるかやらないかの話です。

大学時代の資格取得の話も、これまでの人生の積み重ねが土台にあって評価されます。

相談してくれたアナタは不満に思うかもしれませんが、他の人よりも高いハードルがあることをまず受け入れた上で、どうすれば越えられそうか考えてみて欲しいです。

行動を起こしましょう。そうすれば、アナタの望みが叶《かな》う可能性はグッと高まります。なんだか自己啓発本みたいで嫌ですね（笑）。

お悩み

誠実な人ほど損をしがちな嘘つきだらけの就活が許せない！

お悩み内容

就活生です。就活で思ってもいない美辞麗句をエントリーシートの志望動機欄に書いたり、サークルでの経験を盛って面接で話して内定をもらう友人にムカムカしています。経歴詐称まではいきませんが嘘が上手い人、その場を取り繕うことの上手な人が面接試験を突破しやすくて、真面目に正直に受け答えしている人が損するのっておかしいと思いませんか？　面接官を騙《だま》してまで良い企業に入りたい人の気持ちがわかりません。

回答

**誠実を損だと思う
アナタはもしかして
あまり誠実ではないかも。**

突然ですが、**極端なことを言えば就活は「リアルライアーゲーム（騙し合い）」です。**

そう思うと、本当にクソだなと思ってしまう人もいるでしょう。


「どうせ面接官も学生が全部本当のことを言っていると思ってないから」

「周りも少し話を盛って話しているから、盛れる話は盛らなきゃ損だよ」

「短所は長所とも捉えられる内容に限定しよう」

「エピソードを作るためになんでもいいからボランティアをしよう」


これらは、私が通っていた大学のキャリアセンター（大学の就活サポートセンターみたいな場所）の職員や、就活相談をしたＯＢなどから実際に言われたことです。

本当の自分の短所を短所欄に記載して提出したとき、先輩やキャリアセンターの職員から「いや、それは印象が良くないから。別の短所を用意して」とか言われた私はしばらく思考が停止しました。


では、正直者がバカを見る世の中なのか？　結論はそんなに簡単ではありません。

これは私自身の話になりますが、無事に就活を終え、しばらく社会人をして、なんやかんやあって今フリーのVTuberとして生活するようになり、少しずつ考えが変わりました。**誠実さも必要ですが、円滑に物事を進めていく能力も意外に重要であることに気づいたのです。**もちろん、正直に話すこと、誠実に振る舞うことも大切です。

しかし、これは自分を縛るための信念として活かすならば理解できますが、周囲を見て憤りを覚えることのどこが〝誠実〟なのでしょうか？「我を押し通しているだけ」「自分の考えを周囲に押し付けているだけ」の人に見られている可能性はありませんか？

正しいことでも、マイルールを強要するのは、はたして誠実な行為なのでしょうか？

誤解してほしくないのですが、アナタは悪くありません。

アナタが賢さから誠実であることや正直者であることを選択しているのならば、きっとモヤモヤしていないでしょう。「ウチはウチ、ヨソはヨソ」と割り切れているはずです。

クソ真面目、クソ正直なことが、必ずしも誠実とは限らないこともあります。これはこの世界のバグです。真面目なヤツより、賢いヤツが勝つように設計されています。

薄っぺらくても笑顔で建前を話せる。相手が求めることに臨機応変に対応できる。

就活における「賢い人」とは、このような特徴があるような気がします。

そもそも人間の誠実さとは、他者から評価されるものです。クソ真面目に自分のこだわりを貫き通すことは社会に出ると摩擦の原因になってしまう可能性がありますし、なんでも正直に答えることは、場合によっては相手の気分を害してしまうかもしれません。

例えば「第一志望か」と尋ねたときに、クソ真面目に「第三志望です！　第一、第二志望の企業から不採用通知が来たので御社を志望しました」と答えられたらどうでしょうか？　私ならどんなに有能だったとしても採用しません。使いにくい人材だからです。

嘘も方便ということわざがあります。その場を丸く収めるためにつく嘘は、悪ではなく気遣い。社会で求められるコミュニケーション能力のひとつです。

就活で話を盛ることは、採用される側からすればある種の賭けです。話を盛ったり、嘘を話すことは、相手に「信頼できない人間」と思われてしまうリスクを生じさせます。

そして、嘘や話を盛ったことは案外、面接でバレます。

先ほど話しましたが、「どうせ面接官も学生が全部本当のことを言っていると思っていないこと」が事実であるため、採用希望者が本当のことを言っているのか確認するために話を深掘りしたり、想定していないであろう質問で相手の反応を見たりするのです。

言葉だけでなく、表情や動作も見られています。

話を盛っていることや嘘がバレたらその時点で終了です。

アナタのようなタイプはリスクを背負わない選択をしている一方で、アナタの周囲にいる友人はある程度のリスクを背負って自分にバフ（強化のことを意味するゲーム用語です）をかけている状態……最終的に、どっちを選択するかの話です。

もしも、後者の方が有利でズルいと感じるならば、後者を検討してみてください。

ただ、もしもアナタが周りから感じる不誠実さにのまれたくないならば、アナタの考える誠実さをこのまま押し通してください。しかし、かつての私のように**今のまま自分の「〜べき思考」で相手の非難のために使い続けると心が疲弊していきます。自他境界を明確にしておかないと、おそらく就活が終わった後もムカムカすることが増えるでしょう。**

そもそも自分と他人は違います。

周囲に惑わされる前に、まず自分がどうするかを選択してください。

アナタの誠実さに賢さが加われば、必ず就活で無双できるようになるでしょう。

頑張ることが当たり前……。
自分の成長より
社会の進歩が早すぎて
息苦しい。

お悩み内容

工場のアルバイトです。発達上の問題を抱えながらなんとか仕事を続けています。先生に伝えたい人生クソゲーエピソードは「悪気のない無能はどれだけ頑張っても評価されないこと」です。「〇〇ができて当たり前」といった価値観のせいで、頑張ったことがなかなか認められず生きづらいです。しかも「当たり前」のハードルが時代とともに上がっている気がします。どうやれば私は認められますか？　生まれる時代を間違えたのでしょうか？

回答

相談してくれてありがとう。私は、アナタを認める第一号になりたい。

まずは相談を送ってくれてありがとうございます。発達上の問題を抱えているということで、現在の仕事以外の場面でも苦しい思いをたくさんされてきたのだろうと推察しました。今から話す内容は、発達上の問題がない人にも聞いてもらいたいです。

まず、アナタは今「悪気のない無能はどれだけ頑張っても評価されない」と感じていて、生まれる時代を間違えてしまったのではないかと思ってしまうほど落ち込んでいるようですね。**実は私も「生まれる時代を間違えた」とか「もっと別の時代に生まれたら幸せになれたのではないか」と思ったことが数えられないくらいあります。**

私が少年院で先生をしていたときに、傷害事件を起こして少年院にやってきた少年が「俺は戦国時代に生まれるべきだった」と話していたことをふと思い出しました。「生まれてくる時代ガチャに失敗した」と彼は思ったようです。

まず、この「生まれてくる時代ガチャ」は、人生という名のクソゲー最大のバグだと私は思っています。適材適所という言葉もありますが、自分のステータス及びスキルポイントに応じた時代で人生をスタートさせてくれよと、一度くらいはこれを読んでいる読者の皆さんも感じたことがあるはずです。なければ申し訳ありません（笑）。

それでも、今回の相談の核となっている**「悪気のない無能はどれだけ頑張っても評価されない」という雰囲気をヒリヒリと肌身に感じている人は多いはずです。どれだけ頑張っても社会の求める「普通の人」にたどり着けないせいで、場合によっては怠けていると悪い評価を受けて苦しんでいる人もいるでしょう。**特に相談を寄せてくれたアナタのように、何かしら発達上の問題があり、それが人生の足を引っ張っている状態の人だと、普通の人よりも理不尽だと思える場面に遭遇する機会は多そうです。

アナタがどのような発達上の特性を抱えているのかわかりませんが、これは先天的なもので病気のように治療できるようなものではありません。しかも当事者からすれば、生まれたときから当たり前だと思っている感覚が社会不適応（生きづらさ）を起こしている原因だとあるときに診断されるわけですから、アイデンティティにも関わる重大な問題です。

自分の中では頑張っているつもりでも、大多数の普通の人を含めた周囲と比較されると「頑張っていない人」という烙印《らくいん》を押されて、さらなる「頑張り」が要求されます。また不幸なことに、時代が進むほど全体的な人間の進化速度と社会の進化速度の差は開いていきます。その結果、社会が求める人材の質の水準もそれに合わせて上がっていくようにな

り、発達上の問題がなくとも、今までならば普通側だった人でも無能側に転落してしまうという事態が発生します。

私はこの現象を**「普通の人のインフレ化」**と呼んでいます。「○○できて当たり前」「○○して当然」というセリフの中の○○に入る言葉も高度なものになっていくでしょう。

最近賃上げのニュースが各地から聞こえてきます。悪いニュースがお茶の間を駆け巡る中、久々に聞いた良いニュースです。

しかし、企業がどうして賃上げをするか。それは「優秀な人材の流出を防ぐ&優秀な人材を獲得するため」です。これは評価される側の競争がより激しくなることを意味します。

やや脱線しすぎたため、ここで少しだけ話を戻しましょう。

普通の人の基準がインフレ化していく状態で、これまでの頑張りや身につけてきた能力が評価されにくくなってしまう。これはもう仕方のないことです。

おそらくアナタは仕事が生活の中心にあるのでしょう。

生活の中心に据えられている居場所で自分が評価されないのは、本当に辛いですよね。

同じような質問を別の人にしたとき、「みんな頑張っている」とか「同じ発達上の問題を抱えている人でも成功している人がいる」と回答されているのをYouTubeで見たことがあります。ただ、これは私からすれば、運ゲーの結果論なのです。

だから、努力している自分が評価されないのは辛いままです。

考え方を変えましょう。

「他者に評価されなくても良い。自分にできる精一杯をやりきろう」

まずは頑張っているご自身の心を抱きしめてみましょう。評価されるために仕事する必要はありません。生活していくために仕事をしているだけという考え方はどうですか？

自分が自分の最大の理解者になろう。

私は勇気を出して誰かの助けを求めに相談を送ってくれたアナタのことを、素直で素敵な人だなと思いました。周りを見ると辛くなるなら、周りを見ないようにする。ぜひ試してみてください。

お悩み

パワハラ・セクハラするクソ上司エンカウント時の対応策求ム！

お悩み内容

営業職の女です。同性にはすぐにキレる一方で、若い男性の同僚や上司にはデレデレと優しくしている女上司にイライラします。採用当初は同性でホッとしたのですが、蓋《ふた》を開けたらこのザマです。いつも深夜までバリバリ働いて好成績を収めている優秀な上司なので、理不尽な怒られ方をしても反論ができず、フラストレーションだけが溜《た》まります。新卒採用後クソ上司とのエンカウント時のアドバイス（メンタル面も含む）をください。

回答

そいつを倒せばアナタの人生は
しばらくヌルゲーです。
攻略法、教えましょう。

結論だけ簡単に書くならば、転職する気がないならばアナタがその上司より有能だということを、もっと上の人間に知ってもらいましょう。年功序列なら諦めるしかありませんが、営業職ならば営業の成績がその人の評価でしょうから、ガンガン実績を上げて昇進するか、部署内での影響力を強めて相手に何も言わせないようにするしかないです。

……もちろん、こんなことは誰もがわかっている当たり前の話です。

アナタが困っているのは、上司がいるせいで仕事全部が台無しになってしまっているからでしょう。今の状態では成績を上げることも難しいでしょうし、嫉妬されて何か新たな確執が生まれてしまうかもしれませんよね。

そのため、**攻略法の前に気持ちが軽くなる考え方を授けましょう。今回のお悩みでいえば、「深夜まで残業して好成績を収めているアナタの上司」はそもそも優秀な人材なのか？という視点を持って欲しいです。**単純に成績だけで見ると、たしかに優秀かもしれません。しかし、会社にとって有益な人材であるかどうかで考えると、どうでしょうか？

休みの時間を削って仕事をしていれば、定時まで働くよりも高い成果を収めることができるのは当たり前の話で、深夜まで仕事をして残業代をもらっているならば、当該上司が会社にもたらしている利益よりも、むしろ労働生産性が悪い人材となるのではないでしょうか？

長いこと働いて成績を出せるのは当たり前。むしろ、アナタの上司は労働生産性の低い人材なのでは……と思ってしまいました。

さらにいえば、アナタの会社は部下のモチベーションを下げるような言動をとる人間を人の上に立たせてしまうような単純な数字の高低でしか成績評価できない会社のようです。そして、アナタもその考えに染まりかけているのでは、と思いました。

上司はアナタのご主人様ではありません。威圧によって意見が言えない状態は、確実に会社の利益を害しているでしょう。しかし、このような困った人は世の中に少なくないですよね。

彼らのような困った人と付き合う上で大切なのは、「怒りを因数分解して冷静に分析する力」を身につけることです。

ここで少し「怒り」の感情について考えてみましょう。

怒りとは、原始的な感情であり、「喜び」「驚き」「悲しみ」「嫌悪」「恐れ」などの文化や年齢にかかわらず誰もが同様に表出させる基本情動と呼ばれるもののひとつです。

しかし、社会的場面において「怒り」はしばしば問題視されます。適切に言語化するならば、**「対人場面において怒りが喚起された際に適切な対処ができない」ことが問題になることが多いだけで、正しい怒りの対処法を身につけることは、ビジネスパーソンにとって必要なスキルのひとつといえる**でしょう。

そして、**怒りの対処法を身につける上で重要なのは、怒りには先行する不快感情が発生しているということを知ることです。心理学の世界において怒りとは「第二次感情」とみなされており、怒りの前に先行している感情がある**と考えられています。

怒りは一見複雑な感情と思われがちですが、このように状況と先行するネガティブ感情を適切に把握することで、怒れる鬼もただの人間であることがわかるようになるわけです。

さて、それでは今回のアナタの困った上司について考えてみましょう。

個人的には「怒鳴って威圧する行為」はもはや「攻撃」ではないかと思うわけですが、この攻撃行動が出る前には必ず怒りが喚起されていそうです。

まず、①いつ　②どのような場面で（通常場面なのか、特定場面なのか）　③誰に対して（自分だけなのか、誰でもなのか）、怒りが喚起されていそうか、を冷静に観察してみ

てください。「行動観察」と称して相手の様子を書き出し、冷静に相手の行動を分析してみると、上司を反面教師に自分の対人スキルを向上させることができるでしょう。

このように他者を観察して正確な他者分析を行うことは、思考の視野を広げることに繋がり、様々な良い効果をもたらします。最初から悪いところが出ている上司は実は非常に扱いやすい部類の人種だったりします（ゲーム序盤に出てくる、スライムみたいなもんです）。相手の思考や視野に対する解像度を上げながら、上手く上司を利用して居心地のよい環境を作ってみることをオススメします。

そもそも怒鳴って威圧する行為は、パワハラに該当する可能性があります。２０２２年の４月から、企業には職場におけるパワーハラスメントの防止措置が義務付けられるようになりましたから、人事や上司の上の人に相談するのもひとつです。

「最終的にそれかい！」と総ズッコケされるかもしれませんが、**ぶっちゃけた話をすると、相手の性格が変わることに期待することほど無駄なことはありませんから、さっさとご退場いただくか、相手を利用するしかないです。**転職できるならそれも検討してみましょう。

お悩み

働けない人は生きる価値がないのか？病んでる自分が嫌になる。

お悩み内容

コロナ禍で失業し、転職活動にも失敗して、精神疾患を患ってしまいました。現在は無職です。生活保護を受けています。生活保護は甘えではないのか、働かないとずっとこのままになってしまうのか、不安になります。実際に生活保護を受ける人に対するバッシングもありますが、働かざるもの食うべからずの呪いにかかり、社会に迷惑をかけないように働かなきゃと思いつつ、働けない自分がますます嫌いになり、心がずっと真冬です。

回答

働きたくなってから、また働けばいい。今は働かなくて良い状態。

コロナ禍で思いがけず失業し、辛い思いをされてきたのでしょう。なんとか生活保護を受けることができたのは、不幸中の幸いかもしれませんね。

相談にもある通り、SNSや匿名のインターネット掲示板を中心に生活保護受給者に対するバッシングが目立つようになりました。相手の立場や事情には一切目をくれず、インターネットのどこかに漂っていた情報を鵜呑《うの》みにして相手を一部の不正受給者と同一視したり、働かざるもの食うべからずと言わんばかりに攻撃したりするなんて、非常に心の貧しい人なんだと思って観察しています。

経済的な貧困や社会不安などが人を視野狭窄《きょうさく》に陥らせ、心まで貧しくしてしまうのは一般にも知られていることです。生活保護バッシングをしている人も実は、何かしら生きづらさを感じて追い詰められている人なのかもしれません。

そもそも生活保護とは、日本国憲法第25条に基づく健康で文化的な最低限度の生活を保障するために国が設けている制度です。厚生労働省のホームページには「生活に困窮する方に対し、その困窮の程度に応じて必要な保護を行い、健康で文化的な最低限度の生活を保障するとともに、自立を助長することを目的としています」とありました。

国が制度として設けているわけですから、生活に困ったら堂々と生活保護を申請して適切な保護を受ければ良いのです。

さて、少し極端なことを言います。

そもそも、**生活保護とは、私たちに人生が運ゲーであることを暗に示してくれている制度です。人生にランダム要素があるからこそ、運悪く最低限度の生活を送れなくなってしまった国民を国が保護するのです。**世の中は様々な事情や背景を持つ人たちで構成されています。生まれつきハンデを抱えている人、コロナ禍のような誰も予測できない不運に見舞われてしまい突然生活ができなくなった人、働くことがそもそも難しい高齢者など……そういった人たちの人権を国が保障するためにあるのが、この生活保護なのです。

もっとわかりやすく説明すると、「その人がその人らしく生きるのに国が最低限の保障をする」というのが生活保護制度なのです。

一方で、生活保護の話題になると「働かざるもの食うべからず」ということわざを持ち出したり、「生活保護の財源となる税金を私たちは払う一方で彼らは免除されている！」と憤る人もいます。

「働かざるもの〜」と主張する方は、きっと働いて稼いだお金で生活していることに誇りを持っておられるのでしょう。しかし、この世の中は相対的なもので、アナタが働けているならば、反対に働けない人もいます。また、由来となった新約聖書に登場する「働こうとしない者は食べることをもしてはならない」という一節も、あくまでも真面目な労働を奨励するものであり、働けない人は食事をとるなという意味は持っていません。

後者の支払う税金の不平等についての指摘も、それは国に文句をいうべき話であり、合法的に生活保護を受給して社会保険料や税金の一部が免除されている彼らを攻撃するのはお門違いです。

「みんなで生きる」ということには、コストがかかります。そして、それは国が決めたことです。嫌ならば、国から出ていけばよろしいかと思います。

はい、これで終わりです。

改めて勇気を持って相談を寄せてくれたアナタに言葉を送ります。

生活保護を受けていることにバツの悪さを感じてしまうのは、きっとアナタが真面目な人で、これまで真摯《しんし》に周囲の人たちと付き合ってきて迷惑をかけてはならないという思いが強いからではないでしょうか。

ただ今回のアナタのように**精神疾患にかかってしまい、今も働けないという状況は、アナタに問題があるわけではなく、誰のせいでもなく、ざっくりと運ゲーの罠《わな》（突発世界的疫病イベント）にハマってしまったということです。今はゆっくりと休んで英気を養ってください。**どんな怪我《けが》でも安静にしなければならない期間が存在するのと同じように、今無理に働こうとして余計に症状が悪化してしまっては、アナタが嫌がる「社会に迷惑をかけてしまう」ことに繋がってしまいます。それでは本末転倒です。

「働かなきゃ」という気持ちが「働きたいな」と思えるようになってから動き出しても長い人生で見れば遅くないと思います。

誰かのおかげで自分がいる。自分がいるおかげで誰かがいる。

そんな前向きで温かい気持ちが、アナタの人生の冬を春に変えてくれるでしょう。

コラム2

国家公務員からニートへ クソゲーセカンドステージが始まった話

はい、2回目のコラムです。

先ほどのコラムの続きになりますが、無事に不登校から社会復帰（?）を果たした私は、高校時代まで上手く周囲に擬態することに成功していじめを回避し、最終的に大学進学する周りに合わせて大学（法学部）に進学します。

法学部を選択したのは、医学部などを目指す高校の同級生との埋められない学力の差に絶望しつつも、膨れ上がった「デキる俺」の自己像を守ろうと足掻《あが》いた結果でした。「医者になれないなら、弁護士になろう！」――振り返ると非常に短絡的な思考です。

しかし、人生最後までわからないもので、法学部に進学したはずの私は最終的に心理系専門職である「法務教官」になりました。

転機が訪れたのは、大学2年生の1月です。偶然授業の空き時間に開催されていた国家一種（今の国家総合職）の説明会に、暇潰《つぶ》しくらいの軽い気持ちで参加したことがきっかけでした。未来の官僚を目指す先輩や同学年の学生を見て「すげー」とか思いながらブースの前をウロウロしていたのですが、そこで見つけたのが「法務省矯正局と保護局」のブース。なんと、そこだけ参加者が誰ひとりいないという状況で（あとで偶然だと知りました）、どれだけ魅力のない仕事なのかと反対に興味を持ってしまい、そこで初めて「少年院で先生をする仕事」について知ることになります。

「悪さをしていなくても少年院や刑務所でお勤めができるレアな仕事」というパワーワードに魅力を感じてしまった私。その場で「今2年生なので、2年後よろしくお願いします！」と宣言してしまい、そこから「法学部の勉強」と「心理・福祉職の国家公務員試験の勉強」という二足の草鞋《わらじ》が始まります。

そしてなんやかんやあって、無事に少年院の先生になった私は最高に刺激的な毎日を送ることになります。教育部門での勤務を通じ、本当に自分は狭い世界で暮らしていたのだなと思い知らされました。自分ばかり不幸な人生を送っていると思い込んでいた小学校・中学校時代の私を助走をつけてぶん殴ってみたいと思うほど、私よりも不幸な人生を送っている人たちがほとんどでした。同時にやっぱり人生はクソゲーで、究極の運ゲーであり、理不尽の連続であることを強く感じるようになります。

もちろん、どんな理由や背景があったとしても、犯罪は許されません。これは大前提です。ただ、私も一歩間違えたら、もしかしたら彼らと同じく非行少年として少年院に送られていたかもしれない……そんなことがふと頭をよぎることも多かったです。

今思えば、当時は人生で一番輝いていた時期かもしれません。

彼らにわかりやすい綺麗事や表面的な理屈は通じません。かっこつけても簡単にこちらの器量を見透かされ、揚げ足を取られることになります。

彼らと真正面からぶつかるには、否《いや》が応でもこっちもありのままの自分でいなければなりません。本気でぶつかりに行くと、相手も応えようとしてくれます。

そのときに私はしばしば、今まで人生で経験したことのない感覚に襲われていました。今まで周囲に隠していたありのままの自分の思いが初めて他人に受け入れてもらえたという安堵感と、自分は運がよかっただけでもしかしたらそっち側（彼らのような）の人間になっていたのかもしれないという不安です。

私は冒頭で、人生はクソゲーで究極の運ゲーだと言いました。

ただ、数多くの人生の分岐点でハズレを引き続け結果的に少年院にまでやってきてしまった彼らを教育する仕事を通して、運ゲーの攻略には自分の思考・視野の範囲を広げてくれる他者の存在の大切さを痛感しました。実は、少年院では教育を受ける少年だけでなく、彼らからすれば「模範的な信頼できる大人像」でもある法務教官である私も彼らのおかげで成長することができていたのです。

私にとって法務教官は間違いなく天職でした。

しかし、私はある日、教育の現場を去りました。

理由は2つ。

面接を約束していた少年の自殺未遂事件と、祖父母の相次ぐ大病です。

まさにクソゲーの真骨頂を味わわされたような気分でした。

プライバシーに関わるので詳細は避けますが、あるとき私はとある少年と面接する約束をしていたのにもかかわらず、急な会議によって5分ほど遅刻してしまいました。少年院内で少年との約束事を守ることは、今後の大人との信頼関係構築や教育内容の浸透にも関わってくるため非常に大切なことです。

やばいなーと思いつつ、遅刻する旨の伝言を他の職員に頼むこともせず、結局面接に遅れてしまった私。

少年は明らかに拗《す》ねた様子で対応してきたものの、目的の面接は無事に終わります。もちろん最初と最後に遅刻の謝罪はしました。

私もホッとして、担任の先生に引き継ぎを行って帰宅。

しかし、少年はその夜に自傷行為に及んでしまいました。

原因は私が面接に遅刻したことでした。読者の方はびっくりするかもしれませんが、情緒面などに問題を抱えている少年の場合、約束を破られたと感じて「自分は見捨てられた」「先生の謝罪は不十分だ！許せない！」と混乱してしまい、結果として高まった不安や怒りを自分に向けてしまうことがあります。そして、これは珍しいことではないのです。

少年の担任の先生にも迷惑をかけてしまいましたし、なによりもその少年や彼の保護者には、今もケアが十分ではなかったと深く反省しています。

彼とは彼が収容されてきたときからの付き合いで、何回も面接してきました。そのため「少し遅れても許してくれるだろうという慢心があったのでは？」と問われれば、それも否定できません。……いや、はっきり言えば慢心していました。

この日から私は非常に悩みながら仕事をするようになり、自分は法務教官に向いていないのではないかと考えるようになりました。ただ同僚の支えやフォローもあり、心を入れ替えてそれまで以上に真剣に教育に取り組めるようになります。

しかし、せっかく気持ちが立ち直ってきたくらいで、ちょうど異動も決まるか決まらないかくらいの時期に、立て続けに家族に不幸が襲い掛かりました。

母方の祖父が家の中で転倒し、骨盤を骨折。

さらに、また別のときに父方でも問題発生。

両親は必死に祖父母の介護や病院へのお見舞いを続けましたが、電話口の母親の声は日を追うごとに弱々しくなっていき、不安で仕事が手につかなくなってきます。両親は、「お父さん（祖父）は寂しがり屋さんだから」と病院に交代で泊まっていたのです。家事のために家に戻ってすぐまた病院へとんぼ返り、大袈裟《げさ》ではなく家族崩壊寸前でした。

私もたまの休日も病院へのお見舞いや役所の手続き関係を手伝いつつ、介護と仕事の両立を続けました。双子の弟は東京でお役人をやっていて、職務上頻繁に帰省できないこともあり、私も当時はギリギリ関西の少年施設に勤務していましたし、長男として家を支えようということで必死でした。そんな日が続いてしばらくして、母親がポツリと漏らした一言。

「アナタが帰ってきてくれたらいいのにね」

冗談っぽく話す母親でしたが、本心に聞こえました。私は疲れ切った母親の横顔を見て、ここで初めて仕事で悩み事を抱えていることを打ち明けます。

「仕事でミスをして気づいた。自分はこの仕事に向いていない気がする」と。

母親の一瞬驚いたような顔は今でも忘れません。

しかし、母親は大きく目を開きましたがすぐに、

「どうするの?」

と聞いてきました。でも答えはわかっていたと思います。

私は退職を考えている旨を伝え、帰宅しました。

もしかしたら、当時の私は仕事で失敗した自分を受け入れることができていなかったのかもしれません。プライドが傷つき、逃げたかったのかも。

ただそれから私は、同僚や幹部の引き止めを振り払うように退職願を提出して、形式上は「介護離職」という形で矯正の業界を去ることになりました。

実は配信では、次の仕事が見つかって転職したようなふうに言っていますが、正確には離職の相談の際

に友人に誘われていただけで退職後すぐに転職したわけではありません。結論から話すと、介護の手伝いという名目で４ヶ月ほど無職の時期がありました。

不登校経験者なので、無職でもへっちゃら……とはいかず。やはりコンプレックスの塊のような私には苦痛だったようで、立派に出世している学生時代の友人たちとの交流も絶ち、気を紛らわすために積極的に介護や通院の手伝いには参加するようになります。

よく「ヘルパーさんや公的な支援を受けられなかったのか？」と配信で質問をいただくのですが、古風な家だったため「周りに迷惑をかけない」「家族のことは家族で助け合う」という考えがあり、多少の援助は受けましたが可能な限りは家でやろうという感じでした。

ただ、逆にこの経験があるからこそ、今は配信で「積極的に公的サービスの支援を受けよう！」「ひとりで抱えこんだらダメ」と自信を持って言えるようになりました。

さて、超絶安定の国家公務員から、一転して先の見えない無職生活。その後、友人の助けによって私の人生は上向いていくことになります。私が公務員を辞めた事情を知っている唯一の人物です。

私は彼の紹介と推薦のおかげで、会社勤めを始めることになります。

本当にラッキーだったと思いますし、彼には感謝してもしきれません。

さらに彼が起業するときも誘ってもらい、また刺激的な日々を送るようになります。

そして、営業やＳＮＳマーケティングを勉強する中でコロナ禍直撃という悪夢とVTuber文化に触れる経験を通して、私の人生はまた大きな転換点を迎えるのです。

第3章

SNS・ネットの悩み

なんでみんなデマや陰謀論に巻き込まれるのか？

お悩み内容

コロナ禍で陰謀論やデマなどが問題になっています。私の家の問題になりますが、ワクチンやコロナウイルスのことで陰謀論にハマった母親が父親とケンカして離婚してしまいました。あんなに普通だった母親が、陰謀論にハマったとたんに一気に人が変わったようになってしまったことに恐怖を覚えました。「政府の陰謀だ」「科学者や企業は国民を騙している」など、どうして荒唐無稽な話を信じてしまうのでしょうか？

回答

陰謀論は、己の無知に気づけない人から沼にハマる罠！

めちゃくちゃ重い話題だ……。一応、言葉の確認だけしましょうかね。

まず、デマとはドイツ語のデマゴギー（Demagogie）の略で、「政治的な意図を持って特定の相手を誹謗し、相手に不利な世論を作り出すように流す虚偽の情報や、社会情勢が不安定なときに発生する憶測や事実誤認による情報」を言います。

一方で、陰謀論とはどのようなものなのか？

アメリカの陰謀論研究の第一人者であるユージンスキ博士（政治学）によると、陰謀論とは「有力な個人からなる少人数の集団が、自らの利益のために、公共の利益に反して秘密裏に行動した／行動している／行動するだろうという、信頼に足る証拠なく対象を非難する認識のことを指す」と説明しています。

さて、個人的な考えになりますが、**陰謀論は想像力豊かで物事の変化に敏感な無知な人間ほどハマりやすい傾向にあると考えています。**そのため私は、ＳＮＳ上で陰謀論に触れてしまったときは、下手に投稿を引用して反論して拡散に寄与するのではなく、無視するようにしています（命の危険が迫るような場合は別ですが……）。**下手に議論を挑んでも、見えている世界が違うせいで議論にならない可能性もあるので、無視が自分を守るのに最**

も効果的だったりします。

私はアナタへ送る回答に「**陰謀論は、己の無知に気づけない人からハマる罠！**」と記しました。イメージしやすいように具体例を挙げて説明しようと思います。

例えば、「かなえ先生は実は宇宙人で視聴者を洗脳してファンを獲得している」というあり得ない陰謀論が存在したとします（ちなみに私は生粋の地球市民ですし、怪電波を発していることはないのでご安心ください）。多くの人はそんなのふざけたホラだとスルーするのでしょうが、ごく少数の人が「かなえ先生が支持を集めているのがおかしい！」「コメントが洗脳されている」と主張し始めます。すごく雑ですが、これが陰謀論の始まりです。

しかし、このままでは少数派は、ただのヤバいヤツらで終わってしまいます。

自分たちの主張を受け入れさせるために、皆さんなら何をしますか？

おそらく多くの人は、自身の主張を裏付ける根拠を探し始めるでしょう。例えば「BGMの周波数が超音波で〜」などの言いがかりに近いものが挙げられていくようになり、やがて「洗脳に関する書籍や論文」などが引用されて、もっともらしく裏付けされていくようになります。しかし、そのほとんどがこじつけです。

それでも、何人かはそれに引っかかって信じてしまいます。引っかかる人が徐々に増えていき、やがて一般に浸透していきます。これが陰謀論の広まりです。

一方、陰謀論に異議を唱える人も増えていきます。

ただ、人間は恐ろしいもので、周囲から否定されても改心するどころか、より自身の思想を先鋭化して強固なものにしてしまいます。その結果、行き着くのは荒唐無稽な「ぶっ飛んだ話」になってしまうわけですが、本人の中では理論武装ができているため、陰謀論者からすると私たちこそ「活動を妨害する陰謀論者」と認識されてしまうわけです。

この段階になると、公式が否定したとしても陰謀論者は「必死に否定するのは事実だからだ」と、さらに自身の主張に自信を持ってしまいます。

今までの話からわかるように、また、ここ数年の陰謀論界隈を観察していると**現実に強い不満や不安を抱いており、「エリートや既得権益、権威者が自分たちを不当に扱っている、もしくは隠れて悪いことをしている」と感じている人が多そうです。**「自分が不当に扱われた」と思う経験を繰り返している人が増えているのかもしれません。同時に、陰謀論を利用してこのような人から搾取しようとする人も目立ってきました。

専門家や研究者が否定しようと発信しても、その真実にすがって自己を見出そうとして生きていくレベルに達している相手だと、ＳＮＳの数の暴力で主張がかき消されてしまうこともあります。

ＳＮＳは彼らのホームフィールドであり、建設的な議論や意見交換がなされる学会とは違います。妄想も偶然も彼らからすれば、全て必然であり、真実になってしまうのです。

妄想や偶然も彼らからすれば真実であり、必然な現象になるのです。

そうなると、言い方はめちゃくちゃ悪いかもしれませんが見えている世界も違うので、もちろん話も通じませんし、彼らは自身の主張を絶対に手放そうとしません。

娯楽としてのオカルトと、命に関わる陰謀論やデマでは話が違います。

世界は多面的に構成されており、氾濫する情報の海の中から情報を取捨選択する能力がますます重要になってきました。**何が正しいのか、何が間違っているのか、信じるのは皆さんの自由ですが、自分と異なる意見や主張を目の当たりにしたとき、真摯に耳を傾ける気持ちの余裕は持っておきたいですね。**

お悩み

フォロワーが多い方が偉いみたいな風潮がツライ。

お悩み内容

昨今、ＳＮＳやYouTubeでのフォロワー数や登録者数などがその人のステータスにもなっている風潮に生きづらさを感じます。私は性的マイノリティーに属する人間なのですが、インフルエンサーの発信がまるで当事者の代表意見みたいな形に捉えられて拡散され、それにすごく過敏に反応してしまい、胸が苦しくなります。自分がどんどん見えない人になっている気がして辛いです。どうしたら良いですか？

回答

まずは、ネットから離れてみよう。
ネットの影響力は
仮想通貨くらい信用できない。

ＳＮＳのフォロワー数などがその人の社会的ステータスになっているように感じるのは私もそうです……っていうか、VTuberをやっていると、そもそもお仕事の応募条件に「チャンネル登録者1万人以上／ツイッターフォロワー1万人以上」とか普通に存在しており現実としてステータス指標のひとつになっているので、アナタの感覚はやっぱり間違いないのかもしれません。残念なことに、私はもうすっかり慣れてしまいました。

たしかに、自分の存在価値がフォロワー数や登録者数で比較されやすくなっているのは、しんどいですよね。ただ、アナタの場合、**ネットから離れることをオススメします。自分の心を辛くさせているものや危険からは、まず離れてみること。これは心の平穏を保つ非常に有効な手段です。**

それでも辛いようなら、心療内科や精神科の通院も視野に入れてください。これがアナタのお悩みに対するアドバイスです。

さて、相談内容にもありますが、胸が苦しくなるまではいかなくとも「昨今ＳＮＳや動画プラットフォームのフォロワー数や登録者数などがその人のステータスにもなっている風潮」に違和感を覚えている人は多いのではないでしょうか？

例えば超有名インフルエンサーさんが誤解を生む発信をし、多くの人がその投稿内容を検証することもなく信用して、良かれと思って拡散したとします。

では、これを読んでいる皆さんが、誤った投稿や偏った発信によって被害を受けた当事者だったら、どのような気持ちになるでしょうか？

おそらく、今回お悩みを送ってくれた方と同じ気持ちになるでしょう。

最近は、誤解を解こうと積極的にカウンター発信が行われる例もありますので、実際に行動に移す人もいるかもしれません。しかし、超有名なインフルエンサーと無名な一般人のカウンター発信、何も知らない人が情報を見比べてどっちを信じるのかと言われれば……インフルエンサーを信じて投稿を拡散する人は多そうですよね。

場合によっては、アンチ認定されて、逆にこっちが叩《たた》かれてしまうかもしれません。

少し話は変わりますが、ＳＮＳのフォロワー数や登録者数が社会的ステータスになった背景についての個人的考察です。

インターネットやＳＮＳ黎明期《れいめい》までの人間の価値の尺度としては、主に年収や学歴などがあったわけです。しかし、これまでの章でも説明した通り、高年収や高学歴の獲得可能性は生まれの格差によって左右されてしまう運ゲー状態です。

インターネットやＳＮＳは、そのようなこれまでの現実世界の尺度では評価されにくい個性や能力を持つ人が、現実では満たせない承認や称賛の欲求を埋めるための居場所として、自己の存在や能力を安全に見せつけられる隠れ家として、機能するようになったのでしょう。さらに社会が発展していき、多くの人がインターネットやＳＮＳを当たり前のように活用するようになると、今度は隠れ家の中でも自身の価値を客観的に測れる尺度や指標、称号などが必要になり、それがフォロワー数や登録者数になったのではないかと思います。

たしかに単純に数の大小は見比べやすいですよね。

ただ、何回でも言いますが、**所詮現実世界の延長でしかないインターネット世界での数の大小です。現実の本人の評価とは異なります。勘違いしている人も多いですけど。**

数字が大きいから正しいと盲信するのは、ただの思考停止。バカの証《あかし》です。

最後に、当たり前の話をさせてください。

フォロワー数や登録者数を情報発信者の信憑《しんぴょう》性の指標とするのは危険なことです。他方で個人の発信が社会を大きく変えたことがあるのも事実ですから、そこを頑《かたく》なに全て否定するのも間違いです。

そのため、矛先が向けられがちな情報の発信者をどうこうする話にするのではなく、**情報の受け手である私たちが、ＳＮＳやインターネットで発信されている内容はあくまでもその人（もしくは団体）の個人的意見であり、真実や真理ではないことは頭に入れておかなければならないでしょう。**

「アナタはアナタ、他人の意見は他人の意見」

インターネットやＳＮＳとの付き合い方は、これくらいで良いと思います。

もう一度言います。思考停止はバカの証です。「誰が話しているか」ではなく、「何を話しているか」を慎重に見極めてください。

お悩み

成功者が可視化
されていき、
自分の立ち位置を
突きつけられる。

お悩み内容

ＳＮＳやYouTubeを見ていると、同世代や年下が活躍している姿を目の当たりにして劣等感を覚えてしまいます。日々仕事に忙殺され、何かクリエイティブなことをできているかといえばそんなこともなく……一方で、同世代の米津玄師さんとかＨＩＫＡＫＩＮさん、漫画家で『鬼滅の刃』の作者の吾峠呼世晴さんあたりは世界に爪痕を残しているように見えます。「自分もナニモノかになれる日がくるのだろうか？」と焦りを感じています。

回答

焦りは現状を変えたい強い渇望。「向上心の喚起」としてポジティブに捉えよう。

こちら雑誌『DIME』の連載企画で取り上げたお悩みです。まさかの担当編集者（33歳、男性）から寄せられたお悩みですが、多くの方の共感を呼んでいたのでこちらにも掲載しておきます。

似たようなお悩みを抱えている方にまずはお伝えしたいのは、同様のお悩みを持っている方は多数おられます。そして、この悩みに囚われる必要はありません。

ここで考えて欲しいのは、活躍している周囲を目の当たりにして抱く感情は「本当に劣等感なのか？」という点です。劣等感とは、単純に自分が他者と比較して劣っているように感じることを一般に言いますが、お便りを寄せてくれた編集さんの場合はどうやら違いそうです。

文章を読んで感じたのは、「もっと自分は評価されたい」「評価されるべきだ」という静かな願望で、**結論から述べるなら、編集さんは若くして成功しているYouTuberやインフルエンサーを見て嫉妬している**のだと思います。

劣等感と嫉妬は似て非なるもので、本当にざっくり説明するならば、劣等感は相手を過剰に持ち上げて自身を下げて評価することで生まれるものである一方、嫉妬とは相手を下げて相対的に自分の評価を上げて評価することで生まれる感情です。

今回の質問文をよく読んでみると、同世代や年下に対して劣等感を抱いているとのことですが、もしもそうならば「俺なんてどうせ、ダメダメだ」となって「何か爪痕を残さないといけない」という焦りは発生しないはずです。

勝手に解釈してしまいますが、**編集さんは同世代や自分よりも若い才能の登場にある種の危機感を覚えているのと同時に、自分が評価されないことに不満があるのでしょう。しかし、嫉妬はネガティブに捉えられがちですが、全く悪い感情ではありません。受け止め方を変えるだけで、自身の成長に繋げることができるようになります。**

嫉妬をわかりやすく言語化すると、「自分もあいつみたいになれたのになれなくて悔しい！」という感情です。

例えば、アナタが中流階級出身者だとしましょう。

ある日、アナタの元に石油王の結婚スクープが届けられます。石油王との結婚相手はきっと生涯お金に不自由しない生活を送ることができるでしょう。

問題は石油王の結婚相手です。きっと皆さん、気になりますよね。

もしも、石油王の結婚相手が超大金持ちの御令嬢だったらどうでしょうか？

あまり嫉妬しないのではないでしょうか？　そもそも「へー」くらいで興味すら湧かないかもしれません。

一方で、石油王の結婚相手が全く同じ中流階級出身者だった場合はどうでしょうか？　おそらく先ほどの例よりも嫉妬する人は多くなると思いますし、結婚相手は連日週刊誌に追いかけられてしまうことになるでしょう。特に、石油王の結婚相手に相応しくないというネガティブな面がより強調されることになりそうです。

同じ石油王の結婚でも、身分が高い人同士の結婚は雲の上の人たちの話として処理できるのに、自分と同じ属性だったり身近な存在の人の場合だと嫉妬の対象になってしまう。

特に後者の場合、今日だとSNSなどで「あんな人のどこが良いのか？　悪趣味よ」と石油王を批判する投稿がなされたり、「絶対お金目的！　性格わるっ！」などと結婚相手を誹謗中傷する投稿が投げ込まれることになるでしょう。

しかし、ここで注意して欲しいことがあります。**実は、このような投稿をする行為の土台にあるのは嫉妬ではなく、認知不協和によるモヤモヤです。**認知不協和とは、ざっくりと説明するならば異なる認知を抱えてしまうことによって発生する不快感を指します。

人間は認知不協和によって生じるモヤモヤを自らの行動や態度を変容させることで解消します。代表的な例が、「タバコの喫煙」です。喫煙者の多くは、タバコが体に悪いことを理解して喫煙していると思います。このままだとモヤモヤしたままですが、彼らは「でもこれで仕事が捗《はかど》る（正当化）」「別に体に悪くない（害の否定）」と行為を正当化して喫煙を続けるわけです。

話を戻します。

人間は多面的に構成されていますが、どうしても私たちは一面だけを見てわかった気になってジャッジを下してしまいます。そのせいで、自分の評価と周囲の評価にズレが生まれてモヤモヤしてしまうこともあるのです。

おそらく編集さんはまだまだやりたいことがたくさんあり、自分の可能性を探したいのでしょう。根本には、「今の自分に納得していない」というのがあるのかもしれません。

嫉妬自体は何も悪いことではないと思います。

焦りも劣等感もまだ心が成長したがっている証として優しく受け止めてあげてください。

お悩み

晒しや暴露が英雄視されちゃう最近の風潮、ヤバくない？

お悩み内容

最近のインターネットで「私刑」が流行《はや》っている件について先生の意見を伺いたい。現実社会の法の正義よりも、暴露系や晒《さら》し系インフルエンサーが、まるで自分が正義の執行官のごとく振る舞い、そして多くの人に支持されていることにモヤモヤが止まりません。誹謗中傷や私刑を助長する行為は法に抵触する可能性だってあるのに、力を持つ英雄として免罪されている現状を先生はどうお考えですか？

回答

頭が悪い人にとって
リンチは娯楽なのでしょう。
他人の不幸は甘い蜜。

まず、アナタのお悩みに回答する前に、暴露系や晒し系インフルエンサーについての私のスタンスを伝えておきます。

一言で言い表すならば、暴露系や晒し系は「下品な承認欲求モンスター」です。彼らは日々大量のフォロワーから届けられる「不誠実な事実」や逸脱行為、脱法行為などをＳＮＳや動画プラットフォーム上で発信してお金を稼いでいます。彼らのやっていることは、芸能人の暴露や不祥事などをスクープする週刊誌などとさほど変わらないわけですが、厄介なのは、彼らは一般人だったり個人だったりするので、十分な裏取りがなされていないことがほとんどなことです（裏取りしていればよいという話ではありませんよ、念のため）。

また彼らの多くは、炎上ネタを面白おかしく発信しようとして、話を意図的に切り抜いて報じることや、投稿を見た人たちの感情を意図的に煽《あお》るような一文を添えることがあります。すると、投稿を目の当たりにして制裁感情や正義回復感情を刺激された人が個人情報を晒したり、家に突撃したりする……しかも、その結果として形式的に「悪が裁かれてしまう」「社会が動いてしまう」ために、新たな炎上ネタが彼らの元に届く負のループが続きます。実際、警察や司法よりも、今や彼らが令和のＳＮＳ時代の抑止力になっている感は否めませんし、そう感じている人も多いのではないでしょうか？

個人的に暴露系インフルエンサーや晒し系インフルエンサーは〝ＳＮＳを制する者が令和を制する〟とされているこの時代に生まれるべくして生まれてきた存在だと考えています。私も失うもののない無敵の人だったら、やっていたかもしれないです。

だって、すごくラクですもの。情報もタレコミという形で持ち込まれたものです。あとは、バズりそうなネタを厳選して、適切なタイミングで投稿するだけです。インターネットの海に放流した投稿も、他の人が過激に盛り上げてくれるので何もしなくていい。

２０２３年の３月に、とあるＳＮＳユーザーが、特定の晒し系インフルエンサーの名前を挙げて問題提起しました。しかし結果として、問題提起した人の投稿がそのインフルエンサーに晒され、大量の攻撃的な投稿が寄せられました。皮肉なことに、問題提起の投稿が正しいことが証明されてしまったわけです。

このとき、晒し系インフルエンサーのフォロワーからは、「そもそも晒されるような悪いことをしなければいい」「彼らの抑止力としての存在意義や、被害者の無念を晴らした実績も認めるべき」「上級国民や既得権益、マスコミが隠す都合の悪い真実を暴露してもらうのに必要だ」という意見がありました。

あくまでも一部意見を抽出しての感想になりますが、**暴露系インフルエンサーや晒し系インフルエンサーの存在は、支持者たちにとって「不平等で、隠れた悪が得をしている、既得権益でがんじがらめな世の中を正面から攻撃してくれる救世主」として映っているのかもしれません。**そうであるならば、彼らの支持者は「強い立場の人間の見逃されている悪」「社会を乱す不道徳」に一矢報いて欲しいという期待を彼らに抱いている、不公平感や被害感情の強い人たちと言えそうです。

制裁行為は中毒性の高い快楽です。情報も単純化されていますし、考える必要もありません。正当化も簡単。

しかも、インターネットは比較的簡単に、安全圏から他人を攻撃できます。現実世界でため込んだ不満やイライラも一緒にぶつけてその場限りスッキリすることができます。

もしも非難を受けようが、「そんなことしているお前が悪い」で片づけてしまえばいい。自分のことも棚に上げることができる最高な言い訳です。

そして快楽に飢えた彼らは、さらなる快楽を求めて、より過激な炎上ネタや悪を探そうとしまます。彼らの欲求に応えるため、暴露系・晒し系インフルエンサーはさらに過激な投稿を探し出します。彼らが止まることは今後もないでしょう。

晒し系インフルエンサーが免罪されているのは、今だけだと思います。ＳＮＳのフォロワー数という〝虎〟の威を借る、狐に過ぎないのです。

フォロワー数を自身の攻撃力と勘違いしている人はそのうち痛い目を見るでしょう。

雑多な情報に接する私たちの審美眼が試される時代だとも思います。粗悪な情報に感情を乱されることのないよう、注意しましょう。

コラム3

ネット活動者になって クソゲーを楽しめるようになった話

「犯罪学教室のかなえ先生」は2020年9月1日にデビューしました。デビューからまもなく3年になりますが、なんとか食べていくことはできています。運が良かったです。

ネット活動は初めての試みだったので、いまだに慣れないところもありますが、大きな炎上もなく（執筆当時はしていません。していたら、出版社の方含めてすみません）、比較的平穏な日々を送ることに成功しています。まぁ、殺害予告とか、誹謗中傷とか、それが日常なので感覚がおかしくなっている気もしていますが……一応、気持ちは落ち着いています。

さて、多くの人が気になるのは、なんでVTuberになったのかというところでしょうか。

これは意外と単純です。

① 大学時代の初恋の人が配信者で、元々配信活動に興味があったから。

② コロナ禍に急成長するだろうYouTubeというプラットフォームに興味を持ったから。

③ 特に生放送主体のVTuberなら自分でもやっていけそうと思ったから。

本当に単純ですよね（笑）。

ちなみに、VTuberをやるにあたって信頼できるオタクの友人5人に相談しました。

「俺……VTuberになろうと思っているんだけど、どう思う？」

結果から話すと、５人中４人が反対もしくは否定的な回答でした。

「女性キャラクター有利な業界で男性の成功は難しいから」

しかし、私は結局VTuberになってしまいます。

理由は単純。唯一賛成してくれた友人の一言が私の背中を後押ししました。

「私は向いていると思うし、ぜひ業界にきて欲しい！」

実はこの友人は企業に所属しているVTuberなのですが、他の４人はいわゆるリスナー側の人間でした。業界の厳しさや楽しさを知っている人に「向いている」と言われてやらないわけにはいきません。

この時期の私の目は、少年のように輝いていた気がします。

こうして「犯罪学教室のかなえ先生」プロジェクトが始動します。デビューの９か月前の話です。実は、「情報発信特化型コンテンツ構想」はその半年前から存在していて、机上の空論ながらキャラクターコンテンツと情報発信の両立の可能性を模索しているときでもありました。

そんな折にコロナ禍です。

当時はまだ中国の武漢という場所で、謎の感染症が起きているくらいの話で毎日戦場と化した病院の映像がテレビ番組で流れていたような記憶があります。私は２００２年~２００３年に起きたＳＡＲＳ（重症急性呼吸器症候群）騒動よりも拡大し、より長期化すると考え、急いでデビューの準備を進めました。

新型コロナウイルス感染症がこのままパンデミックとなるだろう。

中国政府が外出禁止令を出したのを見て、ワクチンや特効薬の類が出るまで、家にいる人が多くなるだろう、それならばきっと在宅娯楽の需要が高まるな、YouTubeかTikTokか……そして選ばれたのが主にYouTubeで生放送を主体に活躍を広げていた「VTuber」というコンテンツでした。実は最初、演者さんを雇って私はプロデューサーとして運営に携わろうと思っていたのですが、なかなか演者が集まらなかったのと配信は個人的に一度はやってみたかったので、失敗したら潔く撤退するつもりでVTuberをやってみることに。

やるぞと決心してから業界研究を開始。

そして、見つけた最適解が「犯罪学教室のかなえ先生」という元少年院の先生の肩書を持ったVTuberでした。当時はほぼ存在しなかった、情報発信特化型VTuberの誕生です。

結果として、2023年3月6日現在、関連チャンネルの登録者も含めるとチャンネル登録者数は約11万人。年収は副収入も合わせると、ありがたいことに多いときは同世代の十数倍もいただけているようになりました。本当にありがとうございます。

よく同業者からは「戦略が上手い」とか「計算されている」と評価していただくこともあるのですが、正直言うと「運が良かった」だけの話だと思っています。たしかにビジネスとしてVTuberをしているわけですから、多少の戦略や計算は必要です。でも、結果論です。

成功の確信があったわけでもなんでもなく、ただ賭けに勝ったくらいの感覚でいます。

1年後私がどうなっているかなんて私自身わかりません。

だから、私の言う運が良かったというのは、いやらしい謙遜ではなく、事実として読者の皆さんには受け取ってもらえればと思います。嫌味だと捉えられることもありますが、好機に救われただけの話ですので……。

① 参入した時期が、偶然周囲よりもやや早かった。

② 競合相手が周囲に存在しなかった。

③　コロナ禍のステイホームで偶然生配信がよく見られるようになった。
④　たまたま大手の先輩VTuberさんにかわいがってもらえて、その人のファンにも応援してもらえた。

成功した多くの人は成功した自分からスタート地点まで逆算し、あたかも最初から狙っていたかのように話します。それはなぜでしょう？

簡単です。賭けに勝っただけだと、自身の権威性や才能の輝きが薄れるからです。

業界研究や戦略も、あくまでも成功確率を高めるためのものであり、成功する秘訣《ひけつ》ではありません。ここを間違うと自身を過信して、やがて足をすくわれることになります。

皆さんも気をつけましょう（私にも言えることですが）。

さて、ここまでは自分のこれまでの活動の簡単な振り返りをしてきましたが、ここからはインターネット活動を2年半やってきて感じたことを書いていこうと思います。

「ＳＮＳが滅べば、もう少し人類のストレスを減らすことができるだろう」

これですね。本当にコロナ禍になってから、ネット関係でストレスを抱えている人が多いこと……。競うように己を誇示し、もしくは常に誰かが非難の的になっているのが可視化されている世界です。現実世界の延長線上に存在している現実世界からの退避所が、実は蓋を開くと現実世界よりも醜《みにく》く、生存競争の厳しい過酷な世界というのはなんたる皮肉でしょうか。

ビジネスでＳＮＳを利用するのは理解できます。

また、必要な情報を素早く受け取るために、ＳＮＳを利用するのも素敵です。

ただ、これは私の周りだけなのでしょうか？　何かにつけて、怒っている人、悲しんでいる人を目撃する機会が非常に増えたような気がします。

現実世界でも、人間は100人いれば100人それぞれ違うわけで、自分と違う価値観を持つ人が存在することは認めなければなりません（その価値観を受け入れるかは別として）。

私は、これを多くの人が共有している考えだと思っていました。

ただ、インターネットを生活の中心に据えると、これが幻想であることがわかります。

特に私は、世間で話題になっている事件や事故の解説を主にしているため、これをより強く感じてしまうのかもしれません。

「書いてあることや話している言葉の意味を正しく理解できない残念な人」や「他者や公共の場所、法律さえも全て自分のために存在していると本気で思っている人」「裁判官・探偵気取りで、自分は無罪、他人は有罪と裁きたがる人」などなど……正直なことを話すと、匿名性の霧の中からゲリラ的に現れる彼らの存在は、少年院で関わってきた少年たちよりも厄介です。

一部の少年院にやってくる非行少年について書かれている『ケーキの切れない非行少年』という有名な本があるのですが、彼らの存在より深刻なのが「文字も読めない大人たち」の存在です。もちろん、私も読めないほうなので、私も含めての問題提起になりますが……。

自分は活動している以上逃げることはできない一方で、相手は無責任に言葉の暴力を一方的に投げつけることができるため、活動者は圧倒的に不利な立場に置かれています。感情に任せてやり返すと、今度は「配信者のくせに！」となぜかこちらが叩かれます。影響力を持つ者は、持たざる者に対しては手加減をしなければならないという不文律があるのか、最近は独善的な正義や弱者の看板を盾にした個人が、影響力のある個人や団体を執拗《しつよう》なまでに攻撃するのが方々で流行っているような気がしています。いつの間にか、ＳＮＳで安全なところから石を投げられる悪を探すようになっている人もいるのでは？

対岸の火事は見ていて愉快なのかもしれませんが、その戦いの様子は１９７６年６月26日に日本武道館で行われた「アントニオ猪木vsモハメド・アリ」の戦いを彷彿《ほうふつ》とさせるほど、退屈で泥沼になることが多いです。また、彼らを囃《はや》し立てる一部の観衆たちの傍若無人な振る舞いも目に余ることが多く、個人的には辟易しています。

もちろん、注意喚起やアナウンスをする必要がある場合もあります。

ただ、基本的には、

① 変なヤツとは関わらない。
② ブロックして距離を取る。

これだけで平穏は保てるものなのです。


車の運転と同じように、自分だけが安全運転をしていても周囲が乱暴な運転をしていれば自分も事故に巻き込まれる可能性があるわけで、巻き込まれたときの対応策や「運が悪かったな」と思える余裕を作っておく必要はあるでしょう。むしろ事故をネタにして新しく稼いでやろうと思えるくらいに、ある意味性格がバグっていないとできないかもしれません。

そもそもインターネットは議論や真偽の判定の場として向いていません。

どこかで引くことも重要になってきます。

ここで少し話は変わりますが、実はインターネット活動を通して私が得た一番の大きな学びは「インターネットのケンカの方法」だったりします。

現実の喧嘩だと、どんなにムカついても殴った方が負けになることが多いです。

しかし、これがインターネット（特にＳＮＳ）だと、先に殴られた方が負けになることが多いのです。

暴露系や陰謀系インフルエンサーをイメージしてもらえるとわかりやすいと思います。

① 先に仕掛ける（このとき自分は被害者 or 悪を裁く正義執行官になりきる）。

② 相手が反論してくる前に一方的に殴って、相手に対して悪い印象を与える。

③ 自分のフォロワーなども攻撃に参加させるように仕向け、反論の機会を与えない。

④ 反論をしてきた場合は、意図的に文脈をゆがめて論点をズラして攻撃 or 放置して無視。もしくは被害者ムーブをして相手に理不尽なことをされたなどと陰謀論を展開。

インターネットの喧嘩の最大の特徴は、勝敗や善悪の判断を喧騒《けんそう》の熱に焚《た》き付けられたアホで無関係な第三者に委ねていることです。結局フォロワーの多さや、初戦でどれだけ相手に対する悪い印象を植え付けることに成功したのかが大事になります。

相手が外道な行いを働いたとしても、「晒される方が悪い！」「暴露されるようなことをしているヤツが悪い」「嘘の正義よりも真実の悪」などの論理を持ち出して自身の行為を堂々と正当化する様は、非常に滑稽ですがネットでは強く支持されています（そう見えるだけ）。

非常に滑稽かつ、大変理不尽です。

しかし、これがインターネットです。社会は理不尽に溢《あふ》れているとネットで嘆く方も見られますが、私からすればインターネットの方が理不尽です……。

忘れて欲しくないのは、「ネットは悪意に溢れている」ということ。

殺害予告や誹謗中傷で何度もVTuberを辞めたいと思いました。ただ、辞めようと思うたびにリスナーさんに対する責任もあるから、辞めるわけにはいかないと奮起を繰り返し、次第に痛みにも慣れてきました。応援の声は、ちゃんと届いています。

元々の性格が終わっているせいもあるかもしれませんが、ネットから離れた現実世界にはいわゆる「アンチ」と呼ばれる人がいないので、多分botなんだろうと割り切っています。

あと誤解がないように申し添えておくと、私は様々な価値観や考え方を持っている人に出会えるのでインターネットが大好きです。良くも悪くも「こんな人もいるんだ」と知ることは、本当に大きな学びになっています。

内心めちゃくちゃムカつきますが、むしろ最近は楽しみ始めています。倫理のスラム街と呼ばれるインターネットとの相性の良さすら感じることもあります。

類は友を呼ぶそうですし、もしかしたらアンチも私と同類なのかも。

そう思うと、少しは親しみを持つことができます。かわいいですね。

インターネットはそういった意味で、自分と異なる世界観や価値観を持っている人を観測して自分の視野を広げるのに寄与してくれます。だいぶ心が広くなったと思います（笑）。

第4章

友人・恋人の悩み

お悩み

私にだけ友人ができないのはバグ？どうしたらできる？

お悩み内容

社会人です。生まれてから「友人」というものができたことがありません。朝から晩まで週5〜6日定時まで働いて、休日はひとりでずっと寝ているかYouTubeを見ているかしています。同僚などから遊びに誘われることもなく、かといって自分から声をかけるようなきっかけもありません。ただ最近、ふと孤独のまま死んでいく未来に寂しさを覚えました。友人とはなんなのでしょうか？

どうしたらできるのでしょうか？

回答

友人はアナタの人生を豊かにしてくれる存在。まず、心を外に向けてみて！

非常に興味深いお悩みだと思いました。友人が少なくて悩んでいるという相談は多く受けるのですが、友人が全くいなくて悩んでいるという話を聞いたことがなかったからです。そのため、相談を送ってくれたアナタが、これまでどのような人生を送ってきたのか、非常に気になりました。

本当に他者とほとんど関わらず、「友人」と呼べる人がいなかったのか？　それとも、「友人」のハードルが高く、「友人」になるほどの人がいなかったのか？　そもそも「友人とは何？」の状態で止まってしまっているのか？　うーん、実に面白い。

さて、まずは友人の必要性からお話しましょう。

様々な考え方があると思いますが、私は**自分の視野を広げてくれる重要な存在という点で友人を持つことは必要**だと思っています。

多様な価値観が狭い世界でひしめき合っているこの世で、完全に自分と同じ価値観を持つ人間に出会うことはほぼあり得ません。しかし、完全とは言わずとも、偶然気の合う人間には巡り会えることもあるでしょう。そのような相手なら、少しくらい自分と視点や考え方が異なったとしても抵抗なくすんなりと受け入れられるものです。そして、この他者を受け入れる行為が、自身の視野を広げ人格に深みを与え、結果として自分の人生を豊かにしてくれます。

実は、相手を受け入れるということは、相手の価値観を自分の意識の中に置いておくことを言います。他者と長く関わるようになると、それは自分の価値観と溶け合って、また新しく発展的に広がっていくようになるのです。

それゆえに、友人選びも非常に大事になってきます。誰を自分の近くに置くのか、これは人生最大の課題と言っても過言ではないでしょう。

ただ、この表現をすると、「友人が多くても人間関係に疲れる」「綺麗事だ」「私はいじめられて人間不信で～」などと反論を受けてしまいそうです。そこで、「友人」とはどのような存在なのかを、一度私なりに定義してみようと思います。

私の思う友人とは「対等で、尊敬できる相手」です。

皆さんはどうでしょうか？　ちょっと堅苦しい印象を与えてしまったかもしれません。

しかし、例えば「飲み友」の場合、飲食の席で気を遣うことなく話せる相手を指しますよね。友人関係の前提は無意識な相手へのリスペクト。だから、気を遣うわけです。

ただし、それは相手も同様。

人間関係を円滑にするには、ある程度は互いにコストを払わなければいけません。

一方、自分の気が病んでしまうくらいに気を遣ってしまう相手は、自分と対等な相手なのでしょうか？　自分ばかりがコストを多く支払う相手は、本来の意味での友人関係なのでしょうか？　私は違うと思います。

関係を築いていて疲弊していく相手を普通、友人とは呼びません。

さて、次の「友人はどうしたらできるのか？」という質問に答えましょう。

友人を意図して作ろうとした経験がなく、節目節目に勝手に気の合う人たちで集まるようになり、その中に数人友人ができ、さらに長期間私の人生の一部にも関わるようになる親友がひとりいるというのが、今の私です。気の合うリスペクトできる人とまた出会うことができれば、また友人は増えていくでしょう。

大切なのは、自分だけでなく相手のことも受け入れる心のゆとりだと思います。

ここで突然ですが、相談を寄せてくれたアナタに少し質問させてください。

そもそもアナタは本当に友達を必要としていますか？

孤独死が怖いなら、友人よりもパートナーを見つける方が解決に近いでしょう。ただし、これまで本当に友人がおらず、単純に孤独死が怖いという自分のためだけに友達を作ろうと考える人には、それも難しいように思いますが……。

友人を作ろうと思い至ったことは非常に素敵です。

しかし、その前に解決しなければならない課題がたくさんある気がします。

友人は自分のためだけに存在しているわけではありませんし、その数やその属性や地位などを競うためのものではありません。

昨今、**ＳＮＳなどで人間関係が簡単に繋がれるようになったからこそ、自分の人生を本当の意味で豊かにしてくれる存在を見つけることが、ますます重要になっている気がします。本当に友人が欲しいなら、行動あるのみです。**応援しています。

お悩み

外見が良いだけで性格が悪い人が評価されるのが許せない。

お悩み内容

社会人3年目の女です。真面目にコツコツと生きてきて、最近納得できないことが増えてきました。「顔が良ければ良い」「見た目が良ければ良い」という風潮です。社会に出てみてわかったのですが、真面目に頑張っている人よりも、性格が悪くても容姿の良い人の方がチヤホヤされていたり、評価されていると感じることが多いです。実際そう思いませんか？　この違和感はどうすれば解消できるでしょうか？

回答

アナタがその不細工な心を改めないことにはこの悩みは解決できません。

アナタの相談を見て、モデルや俳優さんなど容姿に恵まれている人や一芸に秀でた人がテレビなどで活躍している姿を見て「こいつらはなんも努力しないでチヤホヤされてお金を稼いでいる」とテレビの前でくだを巻いていた私の父親の姿を思い出しました。

ちょっと考えてみました。容姿の良い人の方が順風満帆な人生を送れるのだろうか？

私は、人生を楽しく生きるために必要なのは、自分に対する自信（自己肯定感の高さ）だと考えています。その上で容姿端麗な人は自分に対して自信を持ちやすいですし、人生の早い段階で自分の持っている武器の性能の良さを感じる機会に恵まれるでしょう。

自分に自信を持てるようになると、何事も積極的に物事に取り組めるようになります。個人の体感として、自己肯定感の高い人ほど高いパフォーマンスを発揮してくれることが多かったです。今考えると、自己肯定感が高い人＝自分の良いところも悪いところも正確に受け入れることができる人であるため、持てる力を余すことなく発揮しやすいからなのかもしれませんが。その結果、どんどん新しい自分の能力や才能に気づく機会が多くなり、さらに活躍の機会が増えていくことになるのでしょう。

たしかに、自分に自信が持てない人は能力があったとしても満足なパフォーマンスができきないことも多いですし、そもそも低すぎる自己肯定感が失敗を過度に恐れて自ら活躍の機会を奪ってしまっているケースもあるのではないかと思います。

ここで少し話を戻しますが、「顔が良ければ良い」「見た目が良ければ良い」という風潮に納得できないというのは、「私は正しく社会に評価されていない」と思っているからではないかと推測しました。違ったらごめんなさい。

そもそも、**「コツコツ真面目に頑張っていることが評価されること」と「性格が悪くても容姿などが整っていれば評価されること」のそれぞれ「評価される」場所や基準は全く異なります。それをここに持ち出して、社会の一部にしか存在しない考えをまるで社会全体で一般化されている考えだと大きく捉えて被害者意識を拗《こじ》らせている時点で、アナタが評価されないことは真っ当だと思いました。**

もっと酷い言い方をすれば、コツコツと真面目に頑張ることは物事の取り組みの過程にある「当たり前」の話であり、一般的に評価は評価される側が出した結果によって大きく左右されるものです。むしろ、**「コツコツと真面目にやっている」という項目は、結果が出せなかったときの救済ポイントとして使われるもので、そこを評価して欲しいというの**

は結果が出せていれば当たり前の話で、わざわざ評価点に改めて導入する項目ではないのです。性格の良し悪しも、その人を見たときの本人の主観の問題です。

今回の話の中で大切なポイントは、今の自分を正しく受け入れることです。どんな人間も「長所」と「短所」があり、両者の影響を受けながら長い人生を歩いているわけで、自身の短所から目を逸《そ》らしてしまうと、結果として自分で自分を苦しめることになります。

人間は他者を観測する際に、必ず無意識に自分の心のフィルターを通しています。心が不細工な状態だと、現実とは異なる、ゆがんだものとして物事を捉えるようになり、どうでも良いことで他者を深く妬《ねた》んだり、とある事象について現実と大きく乖離《かいり》した理解を深めてしまったり、小さなバグを生み出して、積み重ねていってしまいます。

そうして、どんどんアナタの元から人が離れてしまうのです。

だからこそ、まずは不細工になってしまった心を治しましょうとアドバイスしました。良いところや悪いところもあって、皆さんは生きていることを受け止めましょう。自分にない魅力を持っている人もいる。でも、自分にはこんな魅力がある。みんな違ってみんな良い。

他者の魅力につぶされそうになったとき、すぐに自分の魅力を思い浮かべられるように。

いきなりこんな聖人君子みたいになるのは難しいかもしれませんが、自分に自信があると他人のことでいちいち気を揉《も》むことはなくなります。本来他人は自分の利害に関係しない限りは、無視しても良い存在です。容姿が整っているタレントさんや、容姿は良いが性格の悪い同僚も、別にいても良いじゃないですか。

まず、アナタが何者で、何をしたいのか。

「ウチはウチ、ヨソはヨソ」。ここまで別のお悩みでも何度か出てきているフレーズです。この言葉を借りるなら、**ウチはウチとして評価され、ヨソはヨソで評価される。これを受け入れられるようになりましょう。最終的に人生で得をするのは、容姿の整った人より心の整った賢い人**です。

容姿は老いれば朽ちますが、心はそうではありませんので。

お悩み

俺がモテないのはバグ？足りないのはどんなスキル？

お悩み内容

大学生の男です。高校まで恋愛と縁の遠い生活を送ってきました。今年から大学生になって心機一転して服装や髪型などの見た目を一新してみたのですが全くモテません！　やっぱり、イケメンじゃないとダメなんですか？　でもイケメンじゃないけどモテる人もいますよね？　女性が男に求めてくる「清潔感」ってなんなんですか？　どんなスキルがあればモテますか？　モテる男と俺はいったい何が違うんですか？

回答

まずは「安心感」や「安定感」のある素敵な人間になりましょうね。

ハハハッ……。短い文章の中に怒涛《どとう》の「？」が詰まっていたので、思わず笑ってしまいました。すごく必死なのは伝わったので、安心してください。

新しい環境に飛び込む前に、自分を変えようとする試みはとても素晴らしいと思います。

私も合格後、親と服を買いに行ったり、パーマを当てたり、髪色を変えたり、いわゆる「大学デビュー」のために必死でしたし、大学デビューしてよかったと思っています。

結果として、セルフプロデュース能力は身につきましたので。

さて、本題に入るとして。これは私が社会人になって気づいたことになりますが、**モテは大きく分けると2種類存在します。「人間性が評価されて男女問わず人間的にモテる人」と「主に属性や容姿などの性的な魅力が評価されて特に異性にモテる人」がモテる人の中に存在していて、皆さんがイメージするモテる人は後者の方ではないかと思います。**

そして、今回相談者にオススメしたいのは前者のモテる人間を目指すことです。後者のモテる人（大学生の場合）は、親の経済力や遺伝子が偶然よかったりする人が多く、こんなラッキー人間と付け焼き刃で同じフィールドで戦っても勝つのは非常に難しい。

こう言われてしまうと、悔しい思いをしてしまうかもしれません。

でも、安心してください。**属性や性的な魅力が評価されてモテるのは若いときだけです。イメージしやすく説明するならば、優れた「容姿・属性」などは生まれ持ったその人の外的資産です。特に容姿は年々価値を落としていきます（あくまで一般論です）。上手く資産運用できないまま生きていると、気づいたときには資産０の状態に陥ってしまいます。**

もちろん第一印象は、ほぼ外見で決まると考えても良いでしょう。なぜなら相手を評価するのに必要な情報が不足しているため、まず見た目などで相手がどんな人か判断しなければならないからです。わかりやすく説明すると、第一段階としては相手の外面の評価、それを終えてから内面の評価に移るという感じです。

そのため、ファッションや髪型を変えるなどしてある程度外見を整えておくのは、セカンドステージ（内面の評価）に進出するためにも重要なことになります。

ただし、外見や属性だけでモテるヤツは二流です。

それでは、「人間性が評価されて男女問わずモテる人」について説明します。

人間性が評価されるという文言だけ見ると、とても難しいように感じてしまうかもしれません。しかし、こっちの方がさっきまで話していたことよりも簡単だったりします。

男女共にモテる人の特徴として、パッと頭に浮かぶのは、「安定感」「安心感」のある人です。例えば誰かと会うときに、たくさん寝癖が付いたまま相手がやってきたら、野暮ったい服や生地がヨレヨレになっているシャツで相手が現れたら、一方的に自分の話したいことばかり話す相手だったら、アナタはどう思いますか？「この人の隣を歩きたくないな」と思ってしまったりするでしょう。

他者と関わっていく中で、相手に不安を与えないというのは非常に大切なことです。相手に不安を与えない小さな気遣いが、やがて「安定感のある人」「安心できる人」という評価に繋がっていきます。

例えば、お悩みにもあった「清潔感のある人」というのも、極端なことを言えば「安心感のある人」「安定感のある人」を指すものと、私は理解しています。

身《み》嗜《だしな》みや立ち居振る舞いが自然で、相手に不快感や不安感を与えない人はモテることが多いです。なぜなら、相手が居心地のよさを感じ、心を開きやすくなるからです。そして次第にお互いの距離は縮まり、公私共に信頼できるパートナーへと関係性が変わることも。

一方、今アナタのようにモテたいと思って必死になっている人はどうでしょうか。仮にイケメンになることができたとしても、安心感はないですよね。まさか出会う異性を全て攻略対象として見ているということですかね？　アナタと関わる相手の立場からすれば、かなり怖いことのような気がします……。

周りから信頼される人は、本当にモテます。信頼がまた人を呼び、関わることのできる人間が増えていきます。そうすれば自然と、アナタに対して好意を抱く異性も現れるでしょうし、アナタも心から好きだと思えるパートナーを見つけることができるでしょう。

内面を高く評価されることは、外見を評価されることよりも嬉しいものです。化けの皮はいつか剥がれます。外から見て非モテの足掻きは本当にみっともないのでやめた方がいいです。信頼される安定感・安心感のある人になりましょう。

信頼獲得は、今からでもタダでできる積立投資です。着飾ったり虚勢を張るのではなく、風格や品などの気を飾れる人間になりましょう。

最後に、大学合格おめでとうございます。素敵なキャンパスライフを送れますように。

お悩み

人間関係に
疲れやすいのは私だけ？
ただのスキル不足？

お悩み内容

人間関係に疲れやすい主婦です。元々人付き合いが苦手なのですが、子どもの幼稚園のママ友だったり、義理の両親、パート先の同僚、さらにはご近所さんなどの関わる人が増えてきて徐々にしんどくなっています。別に相手から何かされたわけじゃないものの、ひとりになりたい衝動にかられて、ときどき家出をしたくなります。これは私に原因があるのでしょうか？　この人間関係を続けていいのか、不安です。

回答

疲れた自分を抱きしめて。アナタの抱える悩みは全くおかしいものではない！

これ、意外と深刻な悩みです。まず伝えたいのは、**世の中には人間関係に疲れやすい人がアナタ以外にも多くいるということです。これは「疲れている人もいるのだから我慢しろ」というニュアンスではなく「人間関係に疲れやすいアナタは変ではないよ」**という意味で受け取ってください。

そもそも人間関係は誰かと繋がれているという安心感や新たな価値観の発見などの効果が得られる一方で、誤解や過度な気遣いなどによる精神的な疲労も生んでしまいます。特にストレスの多い人間関係を続けていると、ゆっくりと心の健康が蝕《むしば》まれていき、メンタルの不調に繋がることもあります。

相手は自分とは違う他人ですから、距離感や価値観も異なります。そのため、ある程度同質性の高い集団に属していたとしても、細かい違和感や差異などに敏感な人にとっては人間関係を維持するだけでも大きな負担になるでしょう。

今回の相談者の場合、元々人付き合いが苦手とのことです。

人付き合いが苦手な人の特徴としては、相手の話に合わせてばかりで自分の思ったことをなかなか言えない性格だったり、過度に他人からの評価が気になってしまう性格だったりなど、自分から何か相手に発信することがそもそも苦手な人が多い印象です。

わかりやすく説明すると、**双方向的コミュニケーション場面において受信過多な人ほど人付き合いが苦手なことが多いというものです。このような人は、発信したいことがあっても、どう発信して良いかわからない、もしくは発信を我慢してしまうことによるストレスを抱えてしまっている**ように思います。

発信したいことがあるのに、自分ばかり受け身でいなきゃいけないコミュニケーションってストレスになりますよね。しかも、自分のコミュニケーション能力に自信がなければ、尚更《なおさら》です。人付き合いのストレスが相手に伝わった気がして、さらにそれがストレスになり、受け入れてもらえていないような気がしてしまい、またストレスが相手に伝わっている気がしてしまう……という負のループ。

どこかで断ち切らないと、本当に心を病んでしまいそうですよね。

さて、ここで少しアナタを深掘りしていこうと思います。

今回のしんどくなる相手方として、幼稚園の保護者（いわゆるパパ友、ママ友ですね）、義理の両親、パート先の同僚などなど、主に家族ではない相手ということですよね。では、自分の子どもや旦那様に対してはいかがでしょうか？

今回は横に置いておきますが、何かされたわけではないものの苦痛を感じているということであれば、興味のない相手と義務的に付き合わざるを得ない状況下で、自然と周りに気を遣って自発的な言動を我慢していることが多いのではないかと思います。

これは元少年院の先生をやっていた私の経験則になりますが、**幼少期から自分の発言が許されなかったり、両親から自身の意思決定に関して否定的な言葉を投げかけられて育ったり、受け身のコミュニケーションがメインだった人は、大人になって自分の考えや意見を持つようになっても幼少からのコミュニケーションが癖づいて、相手に思ったことが言えなかったり、自然と物事に妥協してストレスを抱えてしまう傾向がありました。**

そのような人におすすめしていたのが、**ひとりで過ごす時間を意図的に設定するということです。生活をする中で無意識に人と付き合わなければいけないと思いがちですが、別にそんなことはありません。私もひとりになりたいときは、家にテントを張って引き籠もったり、車の中にマットや布団などを敷いて車中泊をしたりします。**

また、用もないのにトイレに籠もって小説を読むことや音楽を聴きながら半身浴など、お金をかけずに自分がひとりになって落ち着くための時間を作るのもアリです。

職場でもできるだけ人と関わる時間を減らしてみましょう。

許される範囲で始業時間ギリギリに出勤することは、私もよくやりました。またママ友との付き合いも毎回を2回に1回くらいに減らしてみるなど方法はあると思います。**嫌われてしまうかもしれないと不安になるかもしれません。しかし、生活スタイルが変わってしまうことは誰にでもありますし、煩わしい人間関係からゆっくりとフェードアウトしていく能力も大切です。**いきなりやるのは大変ですから、誰かの助けや協力を受けてぜひ実践して欲しいと思います。

どんな人にとってもガス抜きは必要なことです。家出してしまいたい気持ちも理解できますが、ご家族などが心配してしまうので一旦信頼できる人の協力を仰いでひとりになって落ち着く時間を持つようにしましょう。

また、これは素人見解ですので、本当に心が疲れていると感じている場合には専門医などのカウンセリングなどを受けてみてください。アナタの状態を把握した上で、適切なアドバイスなどをもらえるでしょう。

コラム4

他人に期待しないから傷つかないし、負けることも悔しくないという話

いよいよ最後のコラムになりました。

第1回からたくさん書いていますが、いよいよネタ切れです。

さて、何を書こうか……真っ白な画面の前で悩んでいると、よく私のもとによせられるYouTube視聴者からの悩みがポッと頭に浮かびました。

「人間関係に悩んでいます」——家族、職場関係、友人、恋人など様々なお悩みが寄せられます。私は人間関係の悩みを「人間の三大お悩み」のひとつと捉えており、人間が社会性動物であるがために生じるストレス要因なのだろうと認識しています。すごくわかりやすく言えば、他者と上手く交わろうとするからこそ生まれる悩みであるということです。

私も最近までは人間関係についてはかなり悩むことが多く、時には体調にも影響を及ぼすことがありました。ただ、今は人間関係が強いストレスになることはありません。VTuberとして活動を開始し、現実世界を飛び越えてＳＮＳなどで繋がる人も増えたのに、「ストレスがないなんて変わっているね」とよく言われます。

配信で視聴者に人間関係の悩みがないと話したところ、

「そりゃ人を見下していたら無いよな」

「相手はかなえ先生との関係にストレスを感じているかも」

などなどご指摘をいただき、急に不安になったことがあります（笑）。

あくまでも私の場合になりますが、「誰と付き合うのか」ではなく「誰と付き合わないのか」を決めているため、すごく気分が楽になっているのかもしれません。ちなみに関わる人間の選別を行う際、「家族」「親友」「恋人」「仕事仲間」など私から見た相手との関係属性は全く考慮しないようにしています。関係属性を考慮するようになると、判断基準が個別化して複雑かつコストがかかるようになるからです。まず、大前提として「私のことを大切にしてくれる人を、私は大切にしよう」と基準を置き、その上で状況に応じて「家族」「親友」「恋人」「仕事仲間」などの関係属性ごとに分別するのです。

今の話を聞いて、「おいおい関係属性を考慮しているのでは？」と思った方もいるかもしれません。しかし、最初の「私のことを大切にしてくれる（尊重してくれる）人」を等しく通過してから、続いて私と相手の関係に名前をつけるだけなのです。

自分のことを大切にしてくれない人を「家族だから」「友人だから」という理由で自分の側に置き続ける意味はありません。

無駄です。

これははっきり言っておきます。

そもそも自分の人生は自分のものですから、相当なことがない限り関わる人間の決定権ももちろん自分にあるわけです。理不尽な目に遭わされたり、一方的に利用されたりするだけの関係を保持し続けることは、自分の人生にとって無益どころか有害と言えるでしょう。

考えてみれば当たり前の話ですが、関わる人間が増えていけば当然関わる人間のことで悩み事を抱えるリスクは上昇します。対人スキルの高い人は、どんどん関わる人間を増やしても良いと思いますが、コミュニケーションスキルに不安を覚えている人は誰と付き合うかではなく、誰と付き合わないのかを決めると悩みは軽減されるかもしれません。

関係を切ることは悪いことというのは間違いです。相手が悪くなくとも、自分が関係を保持し続けることで苦痛を感じているのならば、関係図からそっとフェードアウトする方がお互いのためです。

執着するな、捨てろ。

関係を切ることは悪いことではない。

まだ関係を築くのに必要な「レベル」が足りなかっただけ。

いつか私のレベルが上がったときに、また機会があれば関係を築きましょう。

これくらいでいいと思います。

あと、他人に過度な期待を寄せるのをやめるともっと楽になるでしょう。

他人は自分と異なる人格を有する存在ですから、全て自分の思い通りに動いてくれるわけではありませんからね。自分の常識、他人の非常識です。

悩み相談を送ってくる方の中には、「相手が○○してくれない！」「○○するべき！」みたいなただのマイルールを法律のように振りかざして相手を非難される方がいますが、そういう人ほど意識して欲しいことですね。

私が大切にしている言葉に「９割他人のせい、１割自分のせい」というものがあります。これはほとんど他人のせいにして良いという意味ではなく、全てアナタのせいではないけれども、残り1割の自分の受け止め方を変えることで悪い状況は１８０度変わるよ、という意味です。人間関係も同様で、自分がどうするかで状況は大きく変わります。

相手に変化を求めることほど無駄なことはありません。

無理だと思ったら、さっさと切る。

もう少し様子を見ようと思うなら、様子を見る。

相手は相手の考えや常識があると許せる器量があるなら、そのままにする。

期待した行動を相手がしてくれなかったとき、「あぁ、この人のこういった面まで知らなかったな」と自分の認識を改めるしかありません。なぜなら、人間の内面も社会と同様に多面的に構成されている一方で、私たちはその一部分だけを観測して相手を評価しているため、ズレやバグが発生するのは仕方がないことだからです。

裏切られることを過剰に恐れるあまり、他者を惑わせていませんか？

傷つけられた経験を理由に、攻撃的になっていませんか？

人間関係の失敗は自分を成長させるチャンスです。

「自分が悪い」という単純な受け止めではなく、現状の私はどうなのか、どう改善すると良くなりそうか、という前向きな考えをベースに人間関係を築けるようになると、自然と対人スキルも向上しますし、対人関係にまつわるストレスも大幅に減るでしょう。

次はいよいよ最後の章です。

厳しい言葉も続きますが、読者の皆さんにおかれましても「相談者と同じ状況ならばどう考えるのか」頭の片隅に回答を浮かべた上で読み進めてもらえると幸いです。

第5章

生まれの悩み

お悩み

「親ガチャ」に成功していれば大学に行けて、もっと幸せだったんじゃないか？

お悩み内容

今年19歳の社会人です。未婚の母から生まれ、周囲と比較して貧しい家庭に育ちました。なんとか高校に進学しても家計を助けねばならず、大半のクラスメイトが大学へ進学する中で私だけ大学進学の道を捨てて就職の道を選びました。仕事も希望していた仕事ではありません。「親ガチャ」に成功していたら、大学生になってもっと人生楽しめたはずなのにと思う日が多いです。この気持ちを落ち着かせる方法を教えてほしいです。

回答

アドバイスはただひとつ。
今からでも大学に行こう。
まだ遅くない。

結論から話すと、**大学に進学しない限りモヤモヤは一生晴れることはない**と思います。お悩みの中からは、未練や後悔を受け止められず、親ガチャ失敗という言葉で無理やり自分を納得させようとしているように感じましたが、どうでしょうか？

さて、まずは「親ガチャ」とはどのような言葉なのか確認してみましょう。

元々この言葉は、「子どもが生まれてくる親を選べないこと」を指す主に親の経済力の強弱を語る際に使われることの多いネットスラングであり、アイテムや装備などがランダムで出てくるソーシャルゲームの「ガチャ」を親子関係に例えたもののようです。

たしかに子どもは親を選べませんし、裕福な家庭に生まれるのか、経済的に貧しい家庭に生まれるのかは、完全に運任せですからこれは言い得て妙だと思います。

人生の最初の大きな分かれ道。ここで人生序盤の難易度が大きく分かれてしまうのは理不尽の極みですよね。皆さんはどうですか？　理不尽だと思いませんか？　「親ガチャ」に成功していれば、今よりも幸福な人生が存在していた。もしくは幼少の頃に大きな苦労はしなかった……そんなことが頭をよぎったことは？

例えば、小中学生のときに「いいよな、〇〇君の家は服やゲームをなんでも買ってもらえて」「海外旅行に連れていってもらえて羨《うらや》ましい」と思ったことはありませんか？

ちなみに私はしょっちゅうでした。

しかし、子どもだけで家庭の経済状況を変えるのはほぼ不可能です。一方で、生まれてくる子どもにとって「生まれてくる環境」はその後の人生に多大な影響を及ぼします。

ここで少し気になったので相談者さんのような母子家庭の年収を調べてみました。

母子家庭世帯の収入は３７３万円（令和２年、厚生労働省「令和３年度全国ひとり親世帯等調査」参照）。一方で、比較対象としては不適切ですが、参考までに児童のいる世帯の平均所得は８１３万５０００円だそうです（令和４年、厚生労働省「２０２１（令和３）年国民生活基礎調査」参照）。

中央値ではないので注意は必要ですが、たしかに相談を寄せてくれたアナタの家庭の経済状況は、周囲と比較すると本当に苦しいものだったのでしょう。大学進学も周囲の人よりハードルの高いものだったのも間違いないと思います。

ただ、ここでアナタに考えて欲しいことがあります。

相談内容を拝見すると、家庭に対する不満は経済状況だけのような気がします。**苦しい経済状況の中、アナタの親御さんは高校まで進学させてくれました。これ、本当に「親ガチャ失敗」なのでしょうか？** 私は**「親ガチャの成功・失敗」は親の経済力の強弱だけで決まるものではなく、「親の持つ文化資本」が大きく影響を及ぼすものと考えています。**文化資本とはわかりやすく言えば、親から子どもへ受け継がれる〝お金に換算できない資産〟のことで、具体的には「知識や教養、感性」「学習に対する意欲や態度」などを指します。

もちろん、文化資本も裕福な家ほど豊かになりやすいです。そのため、基本的に財産と同じように裕福な家の子どもは、親から受け継いだ文化資本（例えば人脈など）を活かして人生をより豊かにできる可能性は非常に高いです。一方で、裕福な家庭でも教育ママに代表されるように、友人と遊ぶことを制限したり、アニメや漫画、ゲームを一切禁止するなど、子どもの自由な意思を侵害して一方的に自己や家庭の期待を押し付ける「教育虐待」を行う家庭で育つことになれば、勉強はできるようになったとしてもゆがんだ感性や価値観を持つようになり、社会人になってから社会不適応を起こしてしまうなんてことも。

これも子どもからすれば「親ガチャの失敗」ですよね。

改めて、本書を通して話していることですが、生まれは平等ではありません。

しかし、生まれの悪さを呪い、長い人生を早々に諦めてしまえば、逆境をひっくり返すチャンスを手にすることはもっと難しくなるでしょう。

もしも、**学びたいことがあるならば、今からでも大学進学を目指してもいいかもしれません。社会人になってからも奨学金は借りることはできますし、卒業して2年以内ならば返還不要な給付型の奨学金もあります。他にも、夜間大学という手段もあります。**こちらは経済状況が厳しく進学を断念した人の受け皿にもなっていますので、ぜひ調べてみてください。

今更大学なんて……と思うかもしれません。しかし、大学で得た学びや探究の経験は、人生の視野だけではなく、困難を切り開く解決策を増やすことに自然と繋がります。夢を手助けしてくれる制度や仕組みを諦めずに探して、利用していただけたらと思います。

モヤモヤが晴れることを心から応援しています。

お悩み

結婚しないと親からネチネチ小言をいわれて腹が立つ。

お悩み内容

アラサーの彼氏いない歴＝年齢の女です。特に結婚願望はないのですが、実家に帰るたびに両親から結婚はまだなのか、〇〇ちゃんは結婚した、とか言われて肩身の狭い思いをします。でも、高校までは学校でも家でも、恋愛をしたら「不純異性交遊だ」といって締めつけてきたのに、社会に出たら練習もなしに突然恋愛しろとか、結婚しないと社会的信用が〜とか言われて腹が立っています。どう反論したらわかってもらえますか？

回答

無理。
諦めましょう。
「話せばわかる」は幻想です。

今回のようなお悩みは、比較的多く寄せられます。怒られてしまうかもしれませんが、正直、「家の話は家の中で解決をお願いします」と思いながら回答しています。

そもそも……個人的な経験として、「私、結婚願望ないんだよね〜」と言っている人の中には、ガチな悩みの人以外にも「なんやかんやすぐ結婚する人」が紛れていることも多いので……真面目に回答しても意味のないことがけっこう多いのです。自虐風マウンティングの話し相手をさせられているというか……そんなふうに感じることも多く、時間を取られるだけの不毛な会話なのです。

まぁ、そんな私の愚痴は置いておきましょう。

アナタが親御さんに腹を立てる気持ちも理解はできますが、**そもそも、そんなことでいちいちムキになって反論してやろうなんて火に油を注ぐだけです。結婚願望がないなら「結婚するつもりはない」と伝えれば良いだけです。**

では、どうしてこちらの考えを伝えても、相手に理解されないのか。

パッと考えて出てきたのは、次の3つの理由でした。

① 世代の価値観によるもの

②　単純に自分の子どもが心配

③　後継者などの問題を憂慮している

まず①についてはイメージしやすいと思います。これもだいぶマシになったと思いますが、今から36年前の**1987年に厚生省（今の厚生労働省）が行った独身男性を対象にした「結婚の利点」に関する調査によると、結婚の利点に「社会的信用」と回答した人は22%もいました。これは「精神的安らぎ」に次いで2位でした。一方で、女性で一番多かった回答が「子供や家族を持てる」でほぼ同じ割合で「精神的安らぎ」が2位でした。**この時代では男女共に「結婚して家族を持つことでやっと一人前」と思われており、我が子の結婚は、親にとっては〝子育て終了〟の意味もあったのだろうと思います。偏見かもしれませんが、当時の結婚は親にとっては〝親の務めをしっかりと終えた証〟を周囲に示すためのものとしても機能していたのかもしれません。つまり、**子が結婚することで「親のエゴ」が満たされていたのではないか、ということです。**

話し合いで両者わかり合えるのが理想ですが、家族といえども血の繋がっているだけの別人ですし、アナタの人生はアナタのものなので、ある程度思いを伝えて無理なら諦めて話題を出さないようにすることも選択肢に入れておくと気持ちもラクになるでしょう。

②も①と少しかぶりますが、方向性としては本当にアナタを心配しているパターンです。孤独死やこれからの独り身の生活が大丈夫なのか……など、親からすればやはり心配になってしまうものです。この場合、子どもの現在の生活が親にはっきりと見えていないことが原因になっていることが多いように思います。そのため、自分のやりたいことやライフプランなどを説明すれば信頼して放置してもらえる可能性が高いです。最近では女性も社会でバリバリと活躍する機会が増えてきましたので、意外とすんなり受け入れてもらえるかもしれません。

ちなみに私は親から結婚について心配されたとき、預金通帳の口座残高を見せて安心させました。

最後に③の場合、お墓や後継ぎ、親の介護（親からすれば自分たちの老後の面倒）について心配している場合を想定しています。これは簡単で、親自身の問題を子どもに一部の責任を転嫁しているだけなので無視でいいです。墓の管理や後継ぎの問題は独り身でも解決可能ですし、親の介護や老後についても子どもは親のために生きているわけではありませんから、親のために結婚すると後悔する可能性があります。子どもが親の老後の世話や介護をするかどうかは、子どもの幼少期に親がどれほど子どもを愛して育てていたかで決まると思っています。そのため、もしも老後の世話や介護を期待しているならば、最初から子どもを大切に育てて欲しいと思います。

本当に結婚願望がないならば、別に肩身の狭い思いをする必要はないと思います。堂々としておきましょう。未婚は恥ずかしいことではありません。

一方で、**結婚できない現実を〝わからされてしまう〟のが辛くて、つい反発してしまうのであれば、今の悩みは恐らくずっと続くでしょう。**

色々と好き勝手書きすぎましたね。この章を私の親が読まないことを祈っています。本当に見ないで欲しいです。

性的少数者であることを親が受け入れてくれない。

お悩み内容

先生に勇気を持って相談します。私はバイセクシャルの高校生の女です。男の人も女の人も好きだし、両方とそれぞれお付き合いしたことがあります。このことはずっと自分の胸の内だけに秘めていたのですが、ある日それを両親に打ち明けたら、病院に連れていかれて、さらに学校にも連絡されて先生に知られてしまいました。それ以来、親も学校も怖くなりました。男女共に恋愛対象となる私は変な存在なのでしょうか？

回答

そのまま〝変な存在〟のままでいてください。それがアナタです。

まずは、高校生のアナタへ。勇気を持って相談を送ってくれてありがとうございます。そして、少し残酷な回答や情報を記してしまうことを許して欲しいです。

まず、**バイセクシャルであるアナタは、本当に「変」なのでしょうか？　ただしそれは異性にしか恋愛感情を抱かない自分たちのことを「普通の人」「多数派」だと思い込んでいる人たちの目線からの話**です。

人は弱い生き物であるため、群れなどの集団を形成します。悲しい話ですが、この集団は、自分たちと合わない価値観を持つ人たちや能力的に劣っている人たちのことを排除します。

どうしてそんなことをするのか？　集団の中に異質な存在がいると、集団の統率が取れなくなってしまったり、全体が不利益を被ってしまうかもしれないからです。長い歴史をたどってみると弱者や少数者などを排除しようとする試みは幾度となく行われてきました。

もっとアナタの身近なところで考えてみると、いじめもこれに近いかもしれませんね。

自分たちとは違う人たちに「変な人」「弱いヤツ」と一方的にレッテルを貼ることは、自分自身を「自分たちは普通の存在である」と安心させる効果があります。

だから、自分たちが「まともである・普通の人である」と思い込んでいる人からすれば、アナタは「変」に思われてしまったのでしょう。

高校生で男女両方とお付き合いしたアナタからしたら、きっと私のような異性しか性的に愛せない人たちの方が変に見えるかもしれません。しかし、それは当たり前の話です。人は皆、理解できないことは変なこととして処理しようとします。

私はバイセクシャルの人がこの世に存在していることを知っていますし、視点や考え方は人それぞれであることも理解しているので、変には思いません。

さて、少し話は変わりますが、せっかくの相談の機会に少しだけアナタに知って欲しい歴史の話をしようと思います。

昔、同性愛は精神疾患と考えられていました。ＤＳＭと呼ばれるアメリカ精神医学会が作成している精神疾患の基本的な定義や診断基準・診断分類によると、初版が発行された１９５２年には同性愛は「性的な逸脱」のひとつとして精神障害の一種だとみなされていました。同性愛の人は「変な性癖を持っている精神障害の人」とみなされていたのです。その基準は１９６８年に改訂され、同性愛が独立した診断名となりますが、これには多くの同性愛者の方が「病気ではなく性的指向である」と抗議の声を上げました。

結果、同性愛は精神疾患として治療する必要はないという方針に変わります。しかし、これは１９７４年の話です。そして１９９３年にやっと、ＷＨＯ（世界保健機関）が作成している国際的な病気の分類である国際疾病分類（ＩＣＤ）からも、同性愛は治療の対象から外されました。日本においては、１９７９年の当時の文部省（今の文部科学省）が発行した「生徒の問題行動に関する基礎資料――中学校・高等学校編――」において、同性愛が性非行の一種だとみなされていました。

ここまでは人の見方の話と少し悲しい話をしました。ここから私の本当の回答をしようと思います。**バイセクシャルであるアナタは変ではありません。アナタを異端だとする「普通の人」の倍、人間を愛することができるのです。これは非常に幸福なことだと思いますし、特別なこと**です。

つまり、アナタは変な人ではなく、特別な人なのです。だから、そのままでいてください。周りに合わせて無理して「普通」に振る舞う人生なんてつまらないです。私も公務員という安定した仕事を捨てて紆《う》余《よ》曲折を経て、今はVTuberをしています。将来のことを心配されることもありますが、自分らしさを出しつつ社会で活躍することができて非常に幸せな人生を送れています。

最終的にアナタ自身の人生を決めるのはアナタ自身です。親御さんでも、学校の先生でもありません。周りがＮＯと言ったとしても、アナタ自身がアナタを信頼してＹＥＳと結論付けたのなら、どんな結果になったとしても正解なのです。

特別な人は「普通の人」にはできない役目を負っていることが多いです。もしアナタの周りで、今のアナタのように困っている人を見つけたときは、その人に寄り添ってあげて、ひとりじゃないことを伝えてみてください。

頑張らずに、今のまま、アナタらしく生きてみてください。そして、周囲とぶつかることも恐れないで欲しいです。**きっとご両親は激しく動揺しているのでしょう。しかし、それはアナタのせいではありません。理解するキャパシティーがないために拒否反応を起こしているだけです。時間とアナタの一貫した態度が状況を変えるはずです。**

ひとりで悩む必要はありません。助けて欲しいと手を挙げれば必ず誰かが助けに来てくれます。また困ったことがあれば、相談にいらっしゃってください。歓迎します。

お悩み

発達障害を持たせて生んだ親を今でも恨んでいる。

お悩み内容

ＡＳＤ（自閉スペクトラム症）とＡＤＨＤ（注意欠如・多動症）の発達障害者です。物心ついたときから周囲との関わりの中で異常にぶつかることが多かったです。家でもよく怒鳴られ、学校でもいじめられて、アルバイト先でも馴染めず、ひきこもりニートです。最近親も軽度の発達障害と診断されました。それを知って、親に殺意を抱きました。どうしたらこの気持ちを抑えられますか？　遺伝的要素を持つなら、子を生むべきではないと思います。

回答

親を恨んでも人生は続く。それがアナタをさらに苦しめる。

この文章を目にして最初に感じたのは、親への殺意ではなく、「やるせなさ」「かなしさ」「未来がないことへの絶望」でした。親への殺意はアナタ自身の苦しさを表すものであり、言葉を間違えているだけで「助けて欲しい」という強い気持ちが表れていると思います。

発達障害とは、生まれつきの脳機能の働き方の違いによって幼少期から情緒面や行動面に特徴があるもので、養育者（保護者など）が育てにくさを感じたり、子ども自身が周囲と上手く馴染めず生きづらさを覚えたりします。

ただし、本人を中心に家族や周辺者が当事者の発達特性に応じた日常生活などでの過ごし方を工夫することで、生きづらさや日常生活での困難を軽減させることもできます。

発達障害の代表的なものとして、「ＡＤＨＤ（注意欠陥・多動症）」「ＡＳＤ（自閉スペクトラム症）」があります。前者は発達年齢に比べて落ち着きがなかったり、多動や注意力が持続しづらい他にも不注意などの特性があり、後者は人と関わることが苦手だったり、特定のことに対するこだわりがあるなどの特性があります。

今回の相談者は両方の発達特性を持っているということですが、これも珍しいことではなく、複数の発達障害や知的障害などを持つことは少なくないです。

話を戻しましょう。まず、アナタの生い立ちについては同情します。生まれてからずっと苦しい思いを積み重ねてきたのでしょう。耐え難いストレスを受け止められなくなり、他人のせいにすることでしか自分を保っていられないのかなと感じました。

これは、何もおかしいことではありません。自分の心を守るためです。家庭でも、学校でも、社会でも、どこでも上手く生きることができないというのは想像以上に辛いことだと思います。生き地獄と表現しても、言いすぎではないかもしれません。

ただ、ここから少し厳しいことを言います。

はっきり言って**誰かを恨んでも、アナタの将来が良くなることはありません。**

アナタの言葉を借りれば、今のアナタは「ひきこもりニート」状態で親に殺意が湧いている……と。たしかに、**人生詰んでいるように感じるかもしれませんが、ここで仮に自分を生んだことを恨み、これまで受けてきた苦痛の責任全てを母親にかぶせる形で殺したとして、アナタのお気持ちは本当に落ち着くのでしょうか？**

もし、落ち着くと断言できるくらいまで、思考が闇に染まっているなら私に相談なんて送ってこないでしょう。どうして良いかわからないけど、毎日が苦しい。これがアナタの気持ちの核を成している部分ではないかと思います。

ここでふと思い出したことがひとつ。コロナ禍でいわゆる「無敵の人」が注目されましたね。この言葉は元々、社会的に失うものがないために躊躇《ちゅうちょ》なく罪を犯すことのできる人を指すネットスラングですが、彼らの一部が起こす「拡大自殺」と呼ばれる社会的注目を集める大事件が複数発生しました。生い立ちや生活の困窮など同情されることもありました。

それでも、罪が許されることはありませんでした。「じゃあ、どうすれば良いんだよ！」と思うかもしれません。

簡単です。でも、アナタを含めて多くの人には、難しいことかもしれません。

「助けてください」「苦しいです」とはっきり言いましょう。アナタの本当の気持ちは、この状況を変えたいという前向きなものも含まれているように感じました。ここに相談を送ってくれたのが、人生を変える第一歩です。

いきなりは難しいと思いますが、今の自分を捨てて新しく生き直すくらいのつもりで思い切って行政の支援などを頼ってみましょう。知られていないだけでアナタと同じ悩みを抱えている人をサポートしている団体や支援窓口は数多くあります。過去助けてもらえなかったとしても、過去を捨てて心機一転して一歩踏み出してください。

最後の一線を越えないでいるアナタは、まだやり直せます。少しでも頑張ってみようと思ってくれたのならば、これからの生活で心がけて欲しいことがあります。

「ありがとう」

「ごめんなさい」

「助けてください」

前書きにも記した、この３つの言葉を大切にしてください。

人間はひとりでは生きていけません。誰かの助けが必要です。そして誰かの助けを得るためには、普段から他者と良好な人間関係を築く必要があります。しかし、アナタはこれまで人間関係で躓《つまず》いているので不安も大きいでしょう。

まず、「助けてください」から始めてみましょう。問題と向き合おうとする限り、必ず助けになる人が現れるでしょう。

あとがき

冒頭でもお話しした通り、人生はクソゲーです。究極の運ゲーであり、自分の力ではどうしようもできないことが多くあります。特に昨今は技術革新が凄《すさ》まじく、我々は同じ人間だけでなく、ＡＩやロボットなどとも競争して生き残っていかなければなりません。

そんな社会では当然我々人間に求められる能力水準は高くなります。一方で、これは現時点で生活に困難を抱えている人や社会に息苦しさを感じている人々にとっては、ますます生きづらくなる社会がやってくるということ。つまり、人生というクソゲーの難易度がさらに上がって、よりクソゲーになるということです。

普通のゲームがアップデートでクソゲーになれば炎上ものでしょうが、このクソゲーは

「いや、それはアナタの責任ですよね？」と責任転嫁してくるのでタチが悪い。というのも、運ゲーに勝利した成功者がいるからです。

しかも成功者の存在は、ＳＮＳによってますます身近になりました。これは良いことでもありますが、反対に彼らと自分を簡単に比較できるようになったために、人によっては「自分は劣っている」と感じる場面が増えたのではないでしょうか？

ただ、今皆さんが生きている社会は、アナタが神の如く一から作り始めたわけではなく、脈々と続く人類の営みが積み上がって構成されているものです。ですから、全部自分のせいと自分を追い詰めるのではなく、どこかで他人のせいだと言い訳が上手くなることができるようになるといいと思います。

どんなゲームも途中参加は不利ですから、そこは割り切りましょう。

前にも触れましたが、私の大切にしている言葉に「人生における失敗は９割は他人のせい、１割自分のせい」という言葉があります。「人生の失敗は９割他人のせい、１割自分のせい」これは裏を返すと、「人生の成功は９割他人のおかげ、１割自分のおかげ」ということです。私たちは、つい自分だけの力で自分の人生を切り開いてきている気になったりしますが、実は社会の中で気付かないところで生かされているのです。
しかし、先ほどから話している通り、社会は自分の思い通りに回ってくれません。

ポイントは、この1割をどうするか。
それだけです。

この1割を構成する自分自身を変えることができれば、思考の視野を広げれば、社会の解像度を上げることができれば、きっとクソゲーはアナタにとって神ゲーになることでしょう。実際に、「神ゲーなクソゲー」ってありますからね（笑）。

今回は視聴者から日々送られてくる「人生クソゲーエピソード」に私なりの見解を回答するという構成になっていました。皆さんのエピソードに目を通した私の感想ですが、やはり少し極端な思考のものや「それって病院へ行くしかないのでは？」という内容も多かったです。本書を手に取っていただいた方の中にも、同じことを思った方もおられるかもしれません。ですが、考えてみれば、自身の悩みや困り事を文章という形で出力して見ず知らずの相手に送るのは、とても勇気が必要なことです。だから私も真剣に回答しました。

結果として、本書ではかなり厳しいことを話したところもあり、皆さんもそれぞれ思うところがあるかもしれません。そんなときは「こんな考えの人もいるし、私のような考え方をする人もいる」と少し感情と自分を切り離してもらえればと思います。

極端なことを話すと、私の意見を真に受けないでください。

「おいおい！」と思う人もいるかもしれませんが、実は非常に重要な話です。

リアルタイムで多様な価値観や考え方に常に触れられるようになった時代だからこそ、「気にしない力」は「情報収集能力」「情報の取捨選択能力」と同じくらい重要になってきます。この辺りもいつかお話ししてみたいですね。

元々本書は、小学館『ＤＩＭＥ』の連載担当でもある千葉康永さんとの打ち合わせで軽いノリの提案がどんどん進み、実現した企画でした。夜遅くまで編集作業をしてくれた千葉さんには感謝しています。関係者の皆さん、そしてここまでお読みいただいた皆さん、リスナーのみんな、本当にありがとうございました。

人生がクソゲーだと思ったら読む本
生きづらい世の中の突破術

2023年5月31日　初版第1刷発行
2023年6月5日　　　第2刷発行

著　者　犯罪学教室のかなえ先生
編集人　安田典人
発行人　大澤竜二
編　集　千葉康永
装　丁　クマガイグラフィックス
ＤＴＰ　昭和ブライト
校　正　池上野陽人
表紙絵　夢乃とわ
挿　絵　紀羅わたり
発行所　株式会社小学館
〒101-8001
東京都千代田区一ツ橋2-3-1
編集　03（3230）5930
販売　03（5281）3555
印刷所　萩原印刷株式会社
製本所　株式会社若林製本工場

Printed in Japan　ISBN978-4-09-389119-6